Über Gott und die Welt

Michael Horowitz
Mira Ungewitter

Über Gott und die Welt

Begegnungen eines alten Agnostikers
mit einer jungen Pastorin

Mitarbeit:
Angelika Horowitz

ueberreuter

Michael Horowitz, geboren 1950 in Wien, ist Fotograf, Journalist, Schriftsteller und Verleger. Zahlreiche in- und ausländische Auszeichnungen, darunter das Große Ehrenzeichen für Verdienste um die Republik Österreich oder der „Prix de la Jeunesse" bei den Filmfestspielen in Cannes. Er ist Autor von Biografien, u. a. über H. C. Artmann, Leonard Bernstein, Heimito von Doderer, Karl Kraus, Otto Schenk und Helmut Qualtinger. Zuletzt bei Ueberreuter erschienen: „Legenden. Menschen, die Österreich bewegten".

Mira Ungewitter, 1985 geboren, studierte Theologie an der Universität Bonn und an der Theologischen Hochschule Elstal. Sie ist baptistische Pastorin und seit 2015 bei der „projekt:gemeinde" in Wien. Sie setzt sich für eine liberale und progressive Kirche ein, ist Mitglied im feministischen Frauennetzwerk Sorority und war Dozentin für das Neue Testament. Außerdem ist sie immer wieder Ansprechpartnerin für theologische Fragen in den Medien, u. a. im ORF, Sat1, in „Die Zeit", „Die Presse" u. v. m.

FSC
www.fsc.org
MIX
Aus verantwortungsvollen Quellen
FSC® C014138

1. Auflage 2023

ISBN 978-3-8000-7832-5

Covergestaltung: Saskia Beck, s-stern.com
Cover- und Innenfotos: © Barbara Wirl, wirlphoto.at
Satz: Gabi Schwabe, grafik design
Druck und Bindung: Finidr Ltd., Český Těšín

www.ueberreuter.at

Vorwort

Göttliche Momente

Michael Horowitz

„Viel Erfolg wünsche ich Ihnen durch die Hilfe von oben" – ein handgeschriebener Weihnachtsbrief von Kardinal König, der seit vielen Jahren eingerahmt über dem Schreibtisch eines Agnostikers hängt. Über meinem Schreibtisch.

Eine kostbare Erinnerung von einer Autorität und Integrationsfigur Österreichs, einer moralischen Instanz des 20. Jahrhunderts. Seine Plädoyers für eine humane Asylpolitik wie 1993 der Aufruf gegen Ausländerfeindlichkeit vor 300 000 Menschen beim „Lichtermeer" am Wiener Heldenplatz bleiben in Erinnerung.

Ich durfte Kardinal Franz König immer wieder begegnen. Auch in außergewöhnlichen Situationen. Um ihn zu fotografieren, wie bei seinem wöchentlichen Fitnesstraining im Swimmingpool der Ordensschwestern in Ober St. Veit, oder um ihn zu begleiten, wenn er – immer am Mittwoch – vom Kahlenbergerdorf aus auf den Leopoldsberg spazierte. Einmal fragte ich ihn, ob er im dunklen Wald „mutterseelenallein" nicht ängstlich sei. Kardinal Königs Antwort: „Man kann der Angst gegenübertreten, bis sie nachgibt und verschwindet."

In unseren Gesprächen versuchte er nie, mich von der Existenz Gottes zu überzeugen: „In der Religion gibt es keine Beweise wie in der Mathematik. Es gibt gute Gründe für den Glauben, aber letztlich muss jeder selbst entscheiden."

Auch mit dem rebellischen Theologen Adolf Holl habe ich immer wieder das Gespräch gesucht. Mehr als zwanzig

Jahre lang war er katholischer Priester, bevor er es wagte, kirchliche Tabuthemen wie Sexualität und Zölibat öffentlich anzusprechen. Was er sagte und in Büchern wie im Bestseller „Jesus in schlechter Gesellschaft" schrieb, sorgte bei vielen Gläubigen für Unverständnis, für Entsetzen. Schließlich wurde der „Kirchenrebell" vom Priesteramt suspendiert. Seine offene Art, über verpönte Themen der katholischen Kirche zu sprechen, hat mich immer schon fasziniert.

Jahre später suchte ich Kontakt zu einer anderen charismatischen Kirchenpersönlichkeit. Zu Leopold Ungar, der wie Kardinal König ein Leben lang für Verständnis und Toleranz im Umgang mit gesellschaftlichen Randgruppen kämpfte. Der Sohn eines jüdischen Weingroßhändlers – der 1935 nach der Promotion und Taufe in das Wiener Priesterseminar eintrat – baute als kämpferischer Präsident die Caritas von der „Tee- und Suppenküche für Arme" in fast vier Jahrzehnten zu einem Imperium der Nächstenliebe aus. Hunderttausenden in Not geratenen Menschen wurde geholfen. Unabhängig von sozialem Status, Staats- oder Religionszugehörigkeit.

Bereitwillig und voller Verve erzählte mir Leopold Ungar Mitte der 1980er-Jahre für mein Buch über Karl Kraus von seinen Begegnungen mit dem Satiriker. Für Ungar ist Kraus – der sich nicht ganz uneitel selbst als „Hohepriester der Wahrheit" bezeichnete – ein Idol. Im Alter von 16 Jahren besuchte Ungar das erste Mal eine Karl-Kraus-Lesung. Im Dezember 1930 lernte der 18-Jährige den bissigen Sprachkünstler persönlich kennen. Danach, bis zum Tod von Karl Kraus, trifft man sich sechs Jahre lang immer wieder, um Gedanken über Gott und Humanität, Krieg und Korruption auszutauschen.

Als ich 1989 das Magazin „freizeit“ gründete, fragte ich Leopold Ungar, ob er eine Kolumne schreiben wolle. Er sagte spontan zu und verfasste jahrelang Woche für Woche einen Beitrag für unser Magazin. Schon damals unter dem Titel „Über Gott und die Welt“.

Später habe ich immer wieder das Gespräch mit einem höchst emotionellen Jesuiten gesucht. Mit Georg Sporschill, der als junger Kaplan in Wien-Lainz drogensüchtige, obdachlose und strafentlassene Jugendliche betreute. In einem Haus, das ihm Leopold Ungar zur Verfügung stellte. Danach versuchte Sporschill, das Leid der Straßenkinder in Rumänien und Bulgarien zu minimieren. Und ihnen ein menschenwürdiges Leben zu ermöglichen. Sein Lebensmotto aus dem Talmud „Wer ein Leben rettet, rettet die ganze Welt“ ist mir noch heute im Gedächtnis. Doch auch Georg Sporschill konnte mich nie von der Existenz Gottes überzeugen.

Die Kindheit, die Gespräche mit meinem Vater haben mich nie losgelassen. Denn mein ungläubiger Vater erklärte mir schon früh, dass die Existenz eines Gottes zwar angenommen werden kann, aber für ihn nicht zu erkennen ist. Bis zu seinem frühen Tod im Alter von 56 Jahren blieb er überzeugter Agnostiker.

Mein jüdischer Vater, der Sohn einer Schneiderin und eines fahrenden Händlers, der in einem staubigen „Schtetl“ in Galizien, im äußersten Nordosten der eben zusammengebrochenen Donaumonarchie, zur Welt kam, erlebte während der Nazidiktatur eine Odyssee: 1938 flüchtete Oscar mit seiner Schwester Josefine über die Schweiz nach Frankreich, wo er einige Jahre im Untergrund überlebte.

1942 heuerte er in Marseille als „Freiwilliger“ bei der Fremdenlegion an. Es ist fast die einzige Chance für einen jüdischen Flüchtling, ohne Ausweispapiere zu überleben. In Marokko musste mein schmächtiger Vater Straßen errichten. Rund um die Königsstadt Fès und im Atlasgebirge bei Temperaturen von manchmal fast 50 Grad. Als Mitglied des RMVE – Régiment de Marche de Volontaires Etrangers, des „23. Fremdenmarschregiments". 1944 desertierte Oscar Horowitz von der Fremdenlegion und schlug sich bis Paris durch, wo er das Ende des Krieges erlebte.

Als überzeugter Österreicher kehrte er sofort nach Wien zurück. Es fiel ihm, einem introvertierten Menschen, nicht leicht, meine Fragen nach unserer Familiengeschichte zu beantworten. Wie so viele verdrängte er die Erinnerungen an die grauenhafte Diktatur der Nationalsozialisten. Doch manchmal sprach er von seinen Ängsten. Von Schande, Schmach und Schikanen, die seine Familie und er erdulden mussten.

Meine Mutter Luise stammte aus einem biederen Berliner Mittelstandsmilieu. Protestantisch strenges Umfeld. Der ganze Stolz der Familie Hembach war, dass sie einen Kapitän als Vorfahren hatte. Nach dem Tod der Eltern schickte die Großmutter die 16-jährige Luise allein in das Wien der Nachkriegszeit. Zu Tante Mizzi.

Am Westbahnhof wurde meine Mutter, ein scheues, zartes Mädchen, abgeholt. Von der Tante und ihren treuen Begleitern Leo und Lilly. Den beiden Königspudeln. Grau, keifend und unerzogen. Tante Mizzi war eine walkürenhafte Erscheinung, Besitzerin einer „Puppenklinik" in der Schönbrunner Straße. Einer wunderbaren Welt für Kinder, aber auch für ältere Damen, denen ihre Sammlung von „Kruse"- und „Schildkröt"-Puppen letzte Lustgefühle vermittelt.

Nach drei Jahren in Wien, in denen meine Mutter die Modeschule Michelbeuern absolvierte, erlaubte ihre Tante

„Luischen“ erstmals, am Sonntagnachmittag allein in die Stadt zu fahren: Im Volksgarten liegt Musik in der Luft. Beim Fünfuhrtee mit Horst Winter, der Lieder zum Träumen, Melodien, die kleine Zärtlichkeiten erlauben, trällert. Wie seinen Evergreen „Ein kleiner Bär mit großen Ohren, der hat's mir angetan“.

Bei diesem Lied lernt Luise in einem hübschen, selbst genähten Cocktailkleid am hintersten Tisch beim Rosenrondeau einen mehr als zehn Jahre älteren Mann kennen. Meinen Vater. Scheuer Blickkontakt. Der erste Tanz. Das erste gemeinsame Glas „Dürnsteiner Katzensprung“. Der zweite Tanz. Das erste zarte Busserl. Wenige Monate später heiraten meine Eltern. Im Dezember 1950 komme ich zur Welt.

Viele Jahre später lese ich ein Zitat von Albert Einstein. Seit damals verstehe ich meinen Vater: „Es ist wie bei einem kleinen Kind, das in eine riesige Bibliothek eintritt. Es weiß, dass jemand die Bücher geschrieben hat. Es weiß aber nicht, wie das geschah. Es versteht die Sprache nicht, in der sie geschrieben wurden. Das Kind erahnt dunkel eine mysteriöse Ordnung in der Zusammenstellung der Bücher, weiß aber nicht, was es ist. Das ist nach meiner Meinung auch die Einstellung des intelligentesten Menschen gegenüber Gott.“

Ein Interview mit einer jungen Pastorin aus Köln, die in Wien lebt, machte mich vor einigen Monaten neugierig. Ihre Antworten überraschten mich. Da war nichts von kirchlichem Klüngel, vom Versuch, Ungläubige von Gott zu überzeugen, zu erkennen. Offen sprach Mira Ungewitter – was für ein vielversprechender Name – über Probleme der Kirche. Die Idee für dieses Buch entstand. Wir wollen „über Gott und die Welt“ sprechen.

Bereits bei unserem ersten Treffen, nach zwei, drei Gläsern Wein, spürten wir, wir können miteinander: „Der alte Agnostiker und die junge, freiheitliebende Pastorin", wie es der Verlag treffend formulierte.

Für Mira Ungewitter bedeutet das Leben Freiheit. Sie will ihre Unabhängigkeit genießen und sich jeden Tag neu herausfordern lassen. Die junge, unternehmungslustige Frau träumt als Pastorin von einer liberalen Kirche, in der Platz für kritische Fragen und revolutionäre Ideen ist. Sie hält Zweifel bis hin zum Verzweifeln am Glauben für normal und notwendig.

Um der Enge ihrer deutschen Heimat zu entfliehen, um ihren Horizont zu erweitern, unternahm sie früh Reisen in die Welt. In Honduras arbeitete sie als Tellerwäscherin auf dem Schiff „Carribean Mercy", einem schwimmenden Krankenhaus, und wird 15 Jahre später Pastorin.

Mira Ungewitter und ich. Zwei Menschen verschiedener Generationen, aus völlig gegensätzlichen Welten, mit unterschiedlichen Lebensgeschichten, begegnen einander. Eine Pastorin und Feministin im Gespräch mit einem Zweifler. Eine junge Frau mit beeindruckender Präsenz, die viele Antworten auf Fragen, die unser Leben bestimmen, hat. Erstaunlich ehrlich antwortet sie auf die Fragen eines Menschen, der nicht von der Existenz Gottes überzeugt ist.

Mira und ich, wir lieben beide das Leben und die Menschen. Und bleiben immer skeptisch. Jeder auf seine Weise. Durch unsere Gespräche, unsere Diskussionen – auch durch Meinungsverschiedenheiten – sind wir Freunde geworden.

Die junge Pastorin scheut keine Fragen. Auch nicht jene, die Atheisten, die Agnostiker, die ich ihr stelle: „Oft hört man von Geistlichen: ‚Nichts geschieht ohne Gottes

Willen.‘ Wenn man diesen fragwürdigen Satz ernst nimmt, dann muss man Gott an den Holocaust erinnern. An all die Kriege der Welt. An all die tyrannischen Diktatoren. Und daran, dass mehr als 800 Millionen Menschen hungern und alle 13 Sekunden ein Kind unter fünf Jahren an Hunger stirbt.“

Unser gemeinsames Buch versucht, Dingen auf den Grund zu gehen. In Gesprächen „über Gott und die Welt“. Auch über aktuelle gesellschaftliche Probleme: Wie über die Pandemie, die unser Leben dramatisch beeinflusst hat: Angst, Ratlosigkeit dominierten und der Kontakt der Familien war kaum mehr möglich.

Durch die Auswirkungen des Krieges von Putin gegen die Ukraine ist das Sicherheitsgefühl abhandengekommen. Die mögliche nukleare Eskalation des Ukraine-Krieges bedroht ganz Europa. Und die Menschen leiden auch bei uns unter wirtschaftlichen Katastrophen. Wenn ein Familienvater nicht mehr weiß, wie er seine Familie ernähren soll, oder eine alleinerziehende Supermarkt-Kassiererin, wie sie ihre Wohnung heizt, kann man nicht mehr von einer Krise sprechen, sondern das ist eine wirtschaftliche Katastrophe. Wie kann man dramatischen Lebenssituationen begegnen?

Die Klimakrise schlägt immer größere Wellen, ihre Auswirkungen sind weltweit zu spüren. Beängstigende Wettersituationen wie Hitzerekorde, Dürre und Überschwemmungen – in der australischen Stadt Brisbane fielen in nur drei Tagen über 670 Liter Regen pro Quadratmeter, mehr als in Wien während des ganzen Jahres – sind dramatisch wie nie zuvor. Wann werden die Menschen endlich wachgerüttelt? „Hier stehen wir, die klügste Tierart, die jemals gelebt hat. Wie können wir also den einzigen Planeten zerstören, den wir haben?“, fragt die Verhaltensforscherin Jane Goodall.

Kann Glaube den gesellschaftlichen Zusammenhalt stärken? Was gibt uns persönlichen Halt? Wie vermittelt man der ängstlichen, psychisch oft belasteten „Generation Z", dass nicht alles gleichgültig ist? Jenen jungen „Post-Millennials", die überzeugt sind, dass „die Träume der Älteren nur selten Realität werden".

Dieses Buch entstand nach vielen mehrstündigen – oft auch bewegenden – Gesprächen. Über die Fragen des Lebens. In einem offenen und ehrlichen Wortwechsel. Voller Leidenschaft. Ohne Tabus. Provokante Fragen und unkonventionelle Antworten bestimmen die Dialoge über Himmel und Erde, Freude und Angst, Liebe und Leid, Tränen und Trost, Glaube und Hoffnung, Staunen und Zweifel, Gier und Gewalt, Einsamkeit und Geborgenheit, Demut und Ignoranz, Altern und Sterben, Tod und Auferstehung. Über Krieg und Katastrophen, über die Welt, die sich bedrohlich verändert – und wie wir trotzdem gut in ihr überleben können.

Wenn Mira immer wieder von „göttlichen Momenten" schwärmt, dann weiß ich, was sie meint. Auch ohne an Gott zu glauben.

Vorwort

Die Wahrheit liegt im Dialog

Mira Ungewitter

Michael Horowitz bereitet zwei Kaffees zu. Ich schaue auf das signierte Schwarz-Weiß-Foto von Arnold Schwarzenegger. Oberkörperfrei im Café Hawelka. Das Bild hängt gegenüber vom Esstisch, an dem wir die Gespräche für dieses Buch führen. Das Foto hat Michael Horowitz in den 1970er-Jahren, in seinem sogenannten ersten Leben, als junger Fotograf aufgenommen. Die Kaffeetasse wirkt in den Händen des damaligen Mr. Universe wie von einem Puppengeschirr.

Schwarzenegger war damals in Wien und Michael dachte sich, es wäre doch lustig, den Bodybuilder in dem berühmten Künstlercafé ohne Hemd zu porträtieren. Gesagt. Getan.

Vielleicht ist es genau dieses Motto, das auch dazu geführt hat, dass ich nun als Pastorin hier sitze. Ich muss lächeln. Nicht ganz so breit wie Arnold. Aber dennoch. Gesagt. Getan.

Der alte Agnostiker und die junge Frau Pastorin wollen über Gott und die Welt reden. So wie Michael sich selbst bezeichnet. Das ist die Idee des Projekts. Ein außergewöhnliches, wie ich finde, während ich mein schwarzes Notizbuch aus der Tasche krame und nun ebenfalls eine Tasse Kaffee in den Händen halte.

Ich schlage mein Notizheft auf, in dem ich im Vorfeld Fragen, Ideen und Zitate notiert habe: „Die Wahrheit liegt im Dialog" steht auf der ersten Seite. Die Worte des österreichisch-israelisch-jüdischen Religionsphilosophen Martin Buber schossen mir sofort durch den Kopf, als Michael mir die Idee für dieses Buchprojekt vorschlug.

Auslöser war ebenfalls ein Dialog oder, moderner gesprochen, ein Podcast-Interview. Die Zeitung „Die Presse" fragte mich im Frühjahr 2022: „Karfreitag im Krieg. Warum noch an Gott glauben, Mira Ungewitter?"

Eine schwer(e)gewichtige Frage!

Ich saß damals bei meinem Freund in Marburg mit Blick aus einem nebligen Fenster. Ich führte dieses Gespräch in der Hoffnung, Worte zu finden, die keinen billigen Trost versprachen. Keine frommen Floskeln. Keine pastorale Vertröstung auf jenseitige Zeiten zu verklausulieren. Gleichzeitig wollte ich dennoch an die Zuversicht, an die „Trotz-Kraft" appellieren.

Zu diesem Zeitpunkt weiß ich noch nicht, dass das Jahr 2022 auch für mich zum schwersten Jahr meines bisherigen Lebens werden wird.

So folgte auf Karfreitag auch in diesem Jahr wieder Ostern. Was übersetzt so viel wie „Morgenröte" bedeutet. Und nach Ostern folgt ein Anruf: „Michael Horowitz am Apparat. Haben Sie meine E-Mail bekommen?"

Ich überlege kurz, ob es eine gute Idee war, ans Handy zu gehen, obwohl ich die Nummer nicht kannte. Als Pastorin, die gelegentlich öffentlich in Erscheinung tritt, kommt es schon vor, dass man mir mal mehr, mal weniger nettes, ungefragtes Feedback zukommen lässt. Da ich in der letzten Zeit mein E-Mail-Postfach sträflich vernachlässigt habe, denke ich kurz nach. „Ich glaube nicht."

Und in der Tat stelle ich später fest, dass die Mail im Spam gelandet ist.

Gott sei Dank hat es dann doch noch funktioniert. Michael schlägt mir ein gemeinsames Projekt vor und wiederholt nochmal seinen Nachnamen, den ich mir schnell notiere. Nach einer kurzen Google-Recherche lese ich: Fotograf. Autor. Verleger. Bühnenmensch. Ich bin beeindruckt. Nicht direkt wegen des Erfolgs, sondern weil ich das einfach spannend finde. Mir fällt der Rat eines meiner Professoren wieder ein, der uns Nachwuchs-Theolog*innen empfahl: „Umgeben Sie sich mit Künstler*innen in Ihrem Leben. Die werden Sie verstehen."

Damals habe ich nicht ganz verstanden, was er meinte. Heute glaube ich zu wissen, was er meinte und wofür dieses Buch hoffentlich auch ein Beleg ist. Vielleicht ist das diese unsere Gemeinsamkeit: einen ähnlichen, wenn auch unterschiedlichen Blick auf die Welt zu haben. Oder besser gesagt: zu suchen.

Aber machen Sie sich während der Lektüre selbst ein Bild davon, ob diese These stimmt.

Es folgt eine Verabredung. Gutes Essen. Kalter Weißwein und eine fabelhafte Idee. Ich glaube, dass Wein und fabelhafte Ideen ohnehin enge Verbündete sind. Bedauerlicherweise wird die jesuanische Fähigkeit, Wasser in Wein zu verwandeln, nicht an den theologischen Fakultäten gelehrt. Das wäre göttlich. Vielleicht ja zu göttlich.

Michael unterbreitet mir seine Idee und es ist exakt das, worauf ich gehofft habe: Wir schreiben beziehungsweise „sprechen" gemeinsam ein Buch.

Konkret bedeutet dies, dass wir uns zu mehreren Gesprächen treffen und eben über „Gott und die Welt" reden.

„Sola experentia facit theologium." Allein die Erfahrung macht die Theologie. Hat ein kluger Mensch einmal gesagt.

Ich würde behaupten, dies trifft auf fast alle Überzeugungen zu. Religiöse wie nicht religiöse Prägungen.

Ich als Kind einer frommen baptistischen Mutter mit ostpreußischen Wurzeln und eines agnostischen Vaters, der katholisch getauft wurde. Michael als Sohn eines jüdischen Vaters und einer evangelischen Mutter.

Egal, ob wir die Überzeugungen unserer Eltern teilen oder ablehnen, beeinflussen sie dennoch unsere Haltung. Davon bin ich überzeugt. So wird unser jeweiliges geistliches Erbe der Ausgangspunkt einer Reise, die vollkommen offen ist.

Ein Weg mit vielen möglichen Gabelungen. Hauptsache, keine Einbahnstraßen. Die gerade Linie ist ohnehin gottlos und unmoralisch. Da stimme ich mit Hundertwasser überein. Ihn hat Michael übrigens auch fotografiert.

Gesagt. Getan.

Und so sitzen wir viele Stunden an dem Esstisch und führen einen Dialog. Über Glauben und Zweifel. Wie wunderschön und grausam diese Welt im selben Atemzug sein kann.

Gedanken über Gott und Gottesbilder. Über unsere Eltern. Über schlechte Noten und dass die Schule zu schwänzen, den Charakter prägt. Wonach Kindheit schmecken kann. Wie wichtig Musik ist. Wir reden über Tinder, hier kenne ich mich definitiv besser aus. Über die Schöpfung. Schöpfungsprozesse, das Klima. Kirchen und Krisen. Aber auch über Hoffnungsträger*innen wie Hannah Arendt und Herbert Grönemeyer. Wir teilen das Fernweh nach einem Ort, an dem man nie gelebt hat, an dem man sich dennoch verwurzelt fühlt.

Über das Beste und Schlimmste, was uns passiert ist. Über den Tod meiner Mutter vor einigen Monaten. Über die Fragen: Was trägt? Was gibt Hoffnung?

Was haben wir bereits in der Rückschau verstanden, was wir vorwärts leben wollen, um einmal Kierkegaard zu bemühen. Zwei Menschen im Gespräch.

Offen. Ehrlich. Staunend. Über Gott und die Welt.

Katholische Herren und Pasta-asciutta-Berge

Betest Du, Michael?

Nein, Mira.

Nie?

Nein. Auf die Idee zu beten, bin ich noch nie gekommen. Aber ich gebe zu, dass ich manchmal Menschen beneide, die beten.

Spielt Spiritualität für dich eine Rolle?

Nein. Findest du das schlimm?

Eine schnelle, klare Antwort. Ich frage mich nur, ob sie auch wirklich stimmt. Du bezeichnest dich selbst als Agnostiker, bewunderst Menschen wie Kardinal König oder Prälat Ungar. Heißt das nicht auch, dass du ein Suchender bist?

Ja, das stimmt. Ich habe immer wieder den Kontakt, das Gespräch mit gläubigen Menschen gesucht. Auch bei Festen oder Veranstaltungen hat es mich oft zu den „katholischen Herren" in ihrem langen schwarzen Ornat mit dem großen goldenen Kreuz, das auf der Brust baumelt, hingezogen. Brillante Köpfe wie zum Beispiel auch Prälat Maximilian Fürnsinn – er hat zuletzt im Stift Klosterneuburg ordentlich aufgeräumt. Mit ihm habe ich immer wieder in Landgasthäusern diskutiert. Er isst und trinkt gern – immerhin war er früher Fleischhauer.

Essen und Trinken können Katholiken ja richtig gut, was ich durchaus sympathisch finde.

Ja, sehr gut. Mag sein, dass irgendwo in meinem Hinterkopf oder in meinem Herzen eine Sehnsucht da ist. Nein, Sehnsucht ist vielleicht zu viel. Lass es uns Anziehung nennen. Warum sonst sitzen wir beide hier und sprechen über „Gott und die Welt"? Als ich das erste Mal von dir gehört und dann deine Texte gelesen habe, fühlte ich mich angezogen von dem, was und wie du es machst.

Steht dahinter nicht auch eine gewisse Spiritualität, die dich fasziniert?

Vielleicht. Trotzdem ist es bis jetzt keinem Geistlichen gelungen, mich auf den „richtigen Weg" zu bringen.

Ohne zu fromm klingen zu wollen, fällt mir dennoch ein Vers aus der Bibel ein. Jesus sagt: „Ich bin der Weg, die Wahrheit und das Leben." Das wird von vielen Kollegen sehr engstirnig ausgelegt. Für mich sind diese Begriffe hingegen sehr dynamisch und haben gar nichts streng Preußisches an sich. Immer, wenn ich an „Weg" denke, habe ich den Jakobsweg vor Augen, der überall in Europa beginnt und zu einem Ziel führt, aber über keine gerade Linie, keine Einbahnstraße, sondern der Weg ist vielfach verzweigt.

Wichtig ist es, irgendwo anzukommen

Wichtig ist es, irgendwo anzukommen, finde ich. Wo das ist, bleibt jedem selbst überlassen. Für mich persönlich bedeutet Ankommen auch, dass ich nur 30 Häuser von meiner jetzigen Wohnung entfernt aufgewachsen bin und als kleiner Bub dort Ball gespielt habe. Ich habe das Glück, so nah von meinem Anfang vor mehr als siebzig Jahren zu leben. Es hat sich ein Kreis geschlossen. Man könnte sagen, mein Leben ist rund geworden.

Mir fallen da zwei Begriffe ein: „Advent“ – da steckt die Wurzel des Ankommens drin – und in derselben Wurzel steckt „adventure“ für Abenteuer. Ein schönes Bild, wenn Ankommen und Abenteuer miteinander so verwoben sind. „Sola experientia facit theologum“ – „Allein die Erfahrung macht die Theologie“ hat einmal ein kluger Mensch gesagt. Ich finde, jede Glaubensform – ob man glaubt oder nicht – hat ihren Ursprung in der eigenen Biografie. Wo ist dein Anfang, Michael?

Schön, dass du mit Latein beginnst, denn ich war ein ganz schlechter Schüler. Trotzdem habe ich meinen Lateinprofessor sehr geschätzt, er hat mich irgendwie durch das Gymnasium geschleppt.

Das kenne ich nur zu gut. Meine Lehrerin hat, weil ich so eine schlechte Schülerin war, immer zu mir gesagt: „Mira, du musst Prioritäten setzen.“ Worauf ich sagte: „Ich setze doch Prioritäten, es sind halt nur nicht Ihre.“ Wie war denn deine Schulzeit?

Schön, weil ich wenig in der Schule war. Ich habe es – so gut es ging – vermieden, hinzugehen. Vor allem im Frühsommer habe ich mehr Zeit im Krapfenwaldl-Bad verbracht, als in der

Schule Gleichungen mit drei Unbekannten zu lösen. Glaub' mir, ich hab' die Vormittage im Bad sehr genossen. Zurück zu deiner Frage: Wo ist mein Anfang? Die Frage glauben oder nicht glauben in meiner Biografie resultiert primär daher, dass mein Vater ein überzeugt ungläubiger Mensch war. Ob er Agnostiker oder Atheist oder einfach nur ein Skeptiker des Lebens war, kann ich nicht beantworten. Wir haben nie sehr viel über sein Leben gesprochen, weil er ein sehr introvertierter Mensch war und ein sehr schwieriges Leben geführt hat.

… mit unglaublichen Lebensumständen, wie ich inzwischen weiß.

Das stimmt. Dazu kam seine verschlossene Art. Er war ein Mensch, der nur sehr schwer mit seinen Gefühlen umgehen konnte. Ich denke, dass man als junger Mensch das reflektiert, was einem die Eltern vorleben oder näherbringen. Entweder ist man mit ihnen auf einer Linie oder wendet sich genau dem Gegenteil zu. In vielem habe ich mich anders entwickelt als mein Vater, aber was den Glauben betrifft, haben wir eine ähnliche Sicht. Vor allem auch deshalb, weil all die grauenhaften Dinge, die seit Jahrtausenden auf der Welt passieren, es uns unmöglich machen, an ein gottähnliches Wesen zu glauben, das all diese Umstände zulässt. Ob es sich dabei um den Holocaust oder um die Kinder handelt, die tagtäglich verhungern. Wie soll ich da an Gott oder ein höheres Wesen glauben können? Allerdings bestreite ich nicht, dass es etwas Übergeordnetes geben muss. Das denke ich mir bei jeder Blume, die im Frühling zu blühen beginnt. Jede einzelne ist ein Wunder. Oder auch das Zusammenleben mit Gina, meinem Hund, diesem wunderbaren Geschöpf, das so viel bedingungslose Liebe und Zuneigung gibt.

Wenn du über diese übergeordnete Macht nachdenkst, hast du ein Bild dazu oder einen Namen?

Nein, dafür war ich immer zu skeptisch. Es ist die Natur, die mich überwältigt. Wenn ich nachts in den Himmel schaue oder unbegreifliche Naturereignisse erlebe oder mich Jahr für Jahr an den wechselnden Jahreszeiten erfreue, frage ich mich natürlich schon, ob es nicht einen Schöpfer geben muss, der Derartiges erschaffen hat.

Du hast nicht nur einen agnostischen Vater, sondern auch eine jüdische Großmutter, die dich geprägt hat. Empfindest du das als Wurzel, etwas, wo du dich zu Hause fühlst?

Ich habe mich bei meiner Großmutter mehr zu Hause gefühlt als im Judentum. Dazu muss man sagen, dass ich mütterlicherseits keinen familiären Bezug hatte, da meine protestantische Mutter Vollwaise war. Auf dieser Seite hatte ich nie Großeltern, bei denen ich mich zu Hause fühlen konnte. Meine jüdische Großmutter war hingegen eine sehr wichtige Person in meinem Leben. Sie war zwar nicht strenggläubig, aber wir haben trotzdem jüdische Feiertage begangen, wo die Familie zusammenkam, gemeinsam aß, trank und feierte. Dadurch kam mir die Welt des jüdischen Glaubens näher und auch die Auslegung des Glaubens, die Interpretationen des Zusammenlebens sind meiner Meinung nach nicht so starr und belegt mit Regeln und Dogmen.

Ja, das finde ich auch. Dinge in ihrer Sinnhaftigkeit zu diskutieren und Regeln nicht deswegen zu befolgen, weil man Regeln zu befolgen hat, sondern weil es dem Besten dient. Da gibt es im Judentum – meiner Meinung nach – eine viel breitere Auslegung des Glaubens.

Und der Glaube liegt nahe am jüdischen Humor. Wenn man einen Witz mit dem Satz beginnt: „Da kommt ein Rabbi …“, kann man sicher sein, dass es eine originelle, lustige Anekdote wird.

Beim Humor haben die Christen geschwänzt

Stimmt, beim Humor haben die Christen wirklich geschwänzt. Die Verbindung zwischen einer protestantischen jungen Frau und einem agnostischen jüdischen Mann ist allerdings ungewöhnlich. Gab es keine Probleme bei der Hochzeit deiner Eltern?

Meinem Vater war das völlig egal. Religion spielte keine Rolle. Für ihn war wichtig, dass meine Mutter ein apartes, zartes Wesen hatte, in das er sich sofort verliebte. Im Volksgarten, beim Lied „Ein kleiner Bär mit großen Ohren …" Der erste Kuss. Neun Monate später kam ich auf die Welt.

Ich spüre meine Mutter, vor allem nach ihrem Tod, sehr stark in meinem Wesen. Wen spürst du deutlicher? Vater oder Mutter?

Das variiert bei mir sehr. Dazu musst du wissen, dass ich nicht gern auf Friedhöfe gehe. Was natürlich nicht heißt, dass ich nicht sehr viel an diese Menschen denke.

Warum gehst du nicht gern auf Friedhöfe?

Die Erinnerungen an meine Eltern, meinen Bruder oder Freunde, die zu früh gestorben sind, kommen immer wie Blitze – und ich bin in jenen Augenblicken sehr stark mit diesen Menschen verbunden, berührt, traurig oder ich habe auch oft schöne Gefühle, wenn ich an sie denke. Manchmal lachen wir auch gemeinsam. Deswegen brauche ich nicht auf den Friedhof zu gehen und eine Kerze anzuzünden.

Das verstehe ich, trotzdem bin ich momentan sehr froh, einen Friedhof mit dem Grab meiner Mutter zu haben, obwohl ich mich ihr dadurch nicht näher fühle als anderswo. Aber ich mochte Friedhöfe schon immer, auch die Menschlichkeit, die sich dort zeigt. Manchmal denke ich: „Der Friedhof versteht mich."

... zu deiner Frage, wem ich mich stärker verbunden fühle: Natürlich ist mir mein Vater allein dadurch, dass wir einen gemeinsamen Berufsweg hatten, oft sehr nah und vieles erinnert mich an ihn. Wenn ich an meine Mutter denke, ist oft viel Schwermut dabei, da sie ein so trauriges Leben geführt hat ...

... warum traurig?

Mein Bruder ist als „blaues Baby" zur Welt gekommen. Mit einem Loch in der Herzscheidewand. Damals war die Herzchirurgie noch nicht so weit wie heute. Weltweit gab es nur drei Chirurgen, die Operationen mit der „Herz-Lungen-Maschine" am offenen Herzen durchführten. Mein Vater konnte sich die Operation bei Professor Zenker in München oder dem „Vater der Herzchirurgie" Michael DeBakey in den USA nicht leisten und fand schließlich in Brünn Professor Johann Navrátil, der ein paar Jahre später als Vorstand der Herzklinik ins Wiener AKH geholt wurde. Er hat meinen Bruder Tommy 1966 kostenlos operiert. Einer der wenigen Vorteile des Kommunismus dieser Zeit. Leider kam es während der Operation für zweieinhalb Minuten zu einer Sauerstoff-Unterversorgung im Gehirn. Resultierend daraus flüchtete mein Bruder früh in die Welt der Drogen und ist an den Spätfolgen, nur 30 Jahre alt, gestorben. Ich habe ihn in seiner Wohnung gefunden. Leblos im Bett liegend. Den Sohn zu begraben, ist für eine Mutter wahrscheinlich das Schlimmste im Leben. Dazu kam, dass sie als junge Waise aus ihrem Leben in Berlin herausgerissen und nach Wien zu ihrer Tante Mizzi geschickt wurde. Sie war ein schwermütiger Mensch, dazu kam die schwierige Ehe mit meinem Vater, einem „Weiberer", wie man in Wien sagt, und einem Hochstapler.

Was meinst du mit Hochstapler?

Er hat ein Leben lang über seine Verhältnisse gelebt. Mein Vater liebte elegante Autos, französische Restaurants und exquisite Maßanzüge. Er hat es sich – aus der Emigration nach Wien zurückgekehrt – gut gehen lassen, konnte aber die Rechnungen nicht bezahlen. Die Mahnungen vom Finanzamt hat er sicherheitshalber gar nicht geöffnet. Sein Leben und das meiner Mutter wurde dadurch nicht leichter, und als er sehr früh 56-jährig starb, hinterließ er mir viele Schulden.

Woran ist er gestorben?

An einer seltenen Blutkrankheit, die man in den 1970er-Jahren noch nicht behandeln konnte. Man vermutete, dass er sich die damals unheilbare Krankheit während seiner Zeit bei der Fremdenlegion in der Wüste von Marokko geholt hat.

Hattest du eigentlich damals das Gefühl, du müsstest zwischen deinen Eltern vermitteln oder deine Mutter fröhlicher stimmen?

Diese Situation war zu schwierig für mich als Kind. Meine Eltern haben sich zweimal scheiden lassen und dann wieder geheiratet. Sehr seltsam, wenn man bedenkt, dass beim zweiten Mal nichts besser wurde. Ich kann mich noch genau erinnern: Als ich sieben, acht Jahre alt war, stand ich bei einer Straßenbahnhaltestelle am Julius-Tandler-Platz in der Mitte – links mein Vater, rechts meine Mutter – und sie haben mich gefragt, mit wem ich denn mitgehen möchte. Ist damit nicht alles gesagt?

Würdest du sagen, dass der Tod deines Bruders und dessen Umstände für dich eine der schwierigsten Situationen in deinem Leben war?

Sehr einschneidend auf jeden Fall. Ich habe ihn tot in seiner Wohnung gefunden und musste es meiner Mutter beibringen. Er hatte gerade eine Drogen-Substitutionstherapie durchgemacht und sich mehrere Tage lang nicht bei ihr gemeldet. Meine Mutter hat mich gebeten, in seiner Wohnung vorbeizuschauen. Die Tür war versperrt, der Schlüssel steckte innen. Ich habe die Feuerwehr gerufen und der Feuerwehrmann – ein Zwei-Meter-Hüne, der die Situation sofort erkannt hat – klopfte mir auf die Schulter und sagte: „Jetzt müssen S' stark sein." Die Tür wurde aufgebrochen und ich habe meinen Bruder leblos in seinem Bett liegend gefunden. In der Küche fand ich am Herd einen riesigen Topf mit Mohnkapseln, die er ausgekocht hatte.

Rennrad, Rolling Stones und keine Religion

Eine traurige Familiengeschichte. Würdest du sagen, dass du auch eine traurige Kindheit hattest?

Nein. Im Gegenteil. Ich hatte eine glückliche Kindheit. Ich erinnere mich an viele schöne Bilder. An Erlebnisse, die mich geprägt haben. Für meine Eltern war Erziehung nicht sehr wichtig. Sie haben mich einfach an ihrer Seite groß werden lassen. Natürlich mit gewissen Einschränkungen wie zum Beispiel die Schule, die für meinen Vater sehr wichtig war. Aber das war das Einzige, worin er rigoros war. Ich bin sehr frei, aber auch sehr warmherzig aufgewachsen. Hab auf meinem blauen „Rih"-Rennrad, im Schwimmbad und am Fußballplatz gelebt, Rolling Stones gehört, hab den „Vienna"-Kickern immer die Treue gehalten, obwohl sie meistens verloren haben. Am Wochenende war ich mit meinen Eltern beim Heurigen. Beim „Winter" im Kaasgraben. Mit Blick auf Wien. Wir hatten auch eine schöne Wohnung, die sich mein Vater leisten konnte, weil er während der Emigration in einem Pariser Kellerlokal beim Pokern eine Leica-Kamera gewonnen hatte und damit seine fotografische Karriere begann. Er gewann mit vier Königen gegen vier Damen. Das erzählte er immer wieder stolz. Mein Vater liebte Reisen, in seinem Renault 4CV. 1956 unternahmen wir eine „Österreich-Rundfahrt". Bald sind wir auch an die Adria gefahren. Nicht nach Caorle oder Jesolo – nein, mein Vater musste weiter runter. Nach Riccione, in die Nähe von Rimini. Am Weg zurück immer ein, zwei Tage Venedig. Das Bild meiner Mutter – am Markusplatz Tauben fütternd – im Petticoat mit bunten Blumen drauf und ihrem großen Strohhut ist mir noch heute in Erinnerung. Wie die Pasta-asciutta-Berge. In der „Pensione Miramare". Alles sehr schöne Erinnerungen an eine glückliche Kindheit.

Halluzinationen und ein 25 000-Schilling-Scheck

Was würdest du deinem jüngeren Ich heute raten?

Schau, dass du mehr Tore schießt, mehr Musik hörst und die Reifen im Fahrrad immer aufgepumpt sind. Lass dich von niemandem und nichts unterkriegen und versuche, deinen eigenen Weg zu gehen.

Und? Bist du ihn gegangen, deinen eigenen Weg?

Ja. Auch wenn er anfangs schwierig war. Nach heftigen Auseinandersetzungen mit meinem Vater hat er mich als 17-Jährigen aus der „väterlichen Gewalt entlassen" – das hat damals so geheißen. Ich musste als junger Fotograf plötzlich mein Leben in die Hand nehmen. Die Realität hatte mich erreicht. Ohne Kameras, die ja alle meinem Vater gehörten, ohne Wohnung, ohne einen Groschen Geld. Eines Tages traf ich auf der Mariahilfer Straße einen älteren Bekannten, den Filmproduzenten Otto Pammer, der mich fragte, warum ich denn den Kopf so hängen lasse. Ich erklärte ihm meine Situation. Daraufhin stellte er mir einen Scheck über 25 000 Schilling – das war damals ein Vermögen – aus und sagte: „Zahl's mir zurück, wenn du Geld hast …" So begann ich mein selbstständiges Leben. Ich mietete eine Zimmer-Küche-Kabinett-Wohnung in Gersthof und eröffnete voller Zuversicht und Selbstbewusstsein, aber vor allem mit dem Scheck in der Hand, mein erstes Bankkonto. Das war der Grundstein für mein künftiges Leben. Ich kaufte mir eine gebrauchte „Nikon"-Kamera, schaffte die Führerschein-Prüfung und hatte das Glück, durch ein Attest eines nicht billigen stadtbekannten Arztes „untauglich" für das Bundesheer geschrieben worden zu sein. Ich begann, die Welt zu bereisen. Meine erste Station im Jänner 1968 war Südafrika. In Windhoek fotografierte ich Mode und beim Formel-I-Grand-Prix von Kyalami Jochen Rindt, der Dritter wurde. Im nächsten Jahr war ich bereits in New York, wo ich drei Tage lang Kiki Kogelnik, Österreichs aufstrebende Pop-Art-Künstlerin, für ihren Katalog fotografierte und zum ersten Mal Andy Warhol begegnete.

Ganz anders war es im Oktober 1973. In Israel, während des Jom-Kippur-Krieges, wo ich auf den Golanhöhen an vorderster Front fotografierte. Im Alter von erst 22 Jahren.

Hast du schon einmal ein Wunder erlebt?

Als 17-Jähriger einen Scheck über 25 000 Schilling einfach so auf der Straße zu bekommen, ist ja fast ein Wunder oder zumindest ein Phänomen. Als Wunder würde ich aber bezeichnen, dass ich einmal an der portugiesischen Algarveküste bei enormem Wellengang unter Wasser gedrückt wurde und fast ertrunken wäre. Dass ich nach Halluzinationen doch irgendwann wieder aufgetaucht bin, würde ich als Wunder bezeichnen.

Hast du Angst vor dem Tod oder vor dem Sterben?

Angst vor dem Sterben, ja. Aus dem simplen Grund, dass ich so gern lebe und dieses Leben nicht aufgeben möchte. Ich möchte nicht zittrig, krank und „gaga" 104 Jahre alt werden, nicht an Schläuche angeschlossen in einem Krankenhaus sterben. Ich möchte möglichst schmerzfrei mit allen Medikamenten, die die Medizin aufzubieten hat, aus diesem Leben gehen. Angst vor dem Tod? Eher nicht. Ich habe ein wundervolles Leben gehabt und – wie ich finde – wenig versäumt. Ob ich dann das Glück haben werde, mit Hunden in einer Hundepension zu leben, oder ein Zirkusdirektor sein werde, der mit Tigern arbeiten darf, werden wir sehen … Als nicht gläubiger Mensch kann ich mir nicht vorstellen, was danach sein wird.

Das wissen gläubige Menschen auch nicht. Aber häufig haben sie eine große Hoffnung.

Das ist immerhin sehr viel. Buddhisten glauben an die Reinkarnation und gleiten sanft mit einem Schiff, einer Art Überfuhr, von einer Seite des Flusses auf die andere – das macht es schon ein wenig leichter, keine Angst zu haben, oder nicht?

Religionen leben davon, Hoffnung zu vermitteln, die über den Tod hinausgeht. Vielleicht sind Religionen die von Menschen selbst gegebene Antwort auf diese Frage, was danach kommt. Aber bei diesen Predigern, die nur aufs Jenseits vertrösten, als Opium fürs Volk, bin ich sehr kritisch und skeptisch. Ich würde aus einer Hoffnung, die aus der Ewigkeit herauskommt, hinleben wollen und nicht glauben, dieses Leben hier sei nur eine Probe. Dafür ist es zu schön, zu großartig und auch oft zu schmerzhaft. Eine Hoffnung aus der Ewigkeit und nicht nur eine Hoffnung auf die Ewigkeit. Dennoch gibt gerade an den Grenzen des

Lebens die Hoffnung auf ein geheimnisvolles „Leben danach" auch viel Trost.

Hast du Angst vor dem Tod?

Jein. Da der Tod meiner Mutter noch so nah ist, merke ich, dass eine gewisse Angst da ist. Trotzdem spüre ich eine Hoffnung in mir. Ich bin Christin und damit groß geworden, an Auferstehung zu glauben. Trotzdem wäre es zu billig, zu sagen, da ist keine Angst. Doch der Satz „Memento mori – bedenke Mensch, dass du sterben wirst, auf dass du klug wirst" ist für mich kein billiger. Der Tod hat durchaus Kraft und durch den Tod meiner Mutter ist dieses Thema natürlich näher gekommen. Angst vor dem Tod bedeutet ja nicht unbedingt nur Angst vor dem eigenen Tod, sondern auch Angst vor dem Tod anderer geliebter Menschen. Ich erinnere mich auch an eine Situation in jungen Jahren, in der ich fundamental verliebt war und gleichzeitig schreckliche Angst vor dem Tod hatte.

Furcht vor jedem Regentropfen

Weil der Verlust so furchtbar wäre?

Genau. Bertolt Brecht hat gesagt: „Darum gebe ich auf mich acht, sehe auf meinen Weg und fürchte von jedem Regentropfen, daß er mich erschlagen könnte."

Deine Mutter ist vor wenigen Monaten gestorben. Wie gehst du als gläubiger Mensch, der normalerweise anderen mit Trost zur Seite steht, selbst mit dem Tod um? Was kann bei einem so schmerzlichen Verlust Glaube bewirken?

Meine Mutter ist zwar nach einer längeren Krebserkrankung, aber doch überraschend gestorben. In meinem Beruf bin es meist ich, die Trost spendet, diesmal war es anders. Auch wenn mir meine Mutter als Kind immer wieder Trost gespendet hat. Daran erinnere ich mich sehr gut. Sie hat damit so eine Art „Trostfundament" anlegt. Trost spenden ist also eine Art Erbe für mich. Bereits meine Eltern waren „Tröster". Mein Vater eher bei Kleinigkeiten, meine Mutter bei den größeren Sachen. Von ihr bekam ich auch mein Glaubensfundament. Mein Vater war hingegen sehr lange Zeit Agnostiker und hat sich erst sehr viel später mit dem Glauben auseinandergesetzt.

Ließ sich dein Vater später bekehren?

Ja, er war um die fünfzig und in einer Art Lebenskrise. Es gab wohl mehrere Krisenherde an einigen Fronten in seinem Leben. Da gab es irgendwann einen „Klick-Moment" und es folgte eine Art klassisches Gebet in der Not.

Von wilden Partys zur Pastorin

Aber deine Frömmigkeit und religiöse Zugehörigkeit kommen von deiner Mutter?

Ja, von ihr beziehungsweise ihrer Familie. Ich habe bei allen Frauen in meiner Familie gespürt, dass ihr Trost immer stark aus dem Glauben kam, und das war auch bei mir verankert, als ich noch nicht daran dachte, Pastorin zu werden. Damals hat mich Eventmanagement interessiert, ich habe Partys geliebt und wollte sie auch organisieren …

… damals noch ohne Glauben?

Gläubig war ich damals bereits, aber ich wollte noch keine Berufsgläubige werden. Das kam erst sehr viel später. Aber Trost war auch damals stark vorhanden. Dieses

Trostspenden war oft auch mit Singen verbunden. Es gibt da eine Episode aus meiner Kindheit: Ich hab mir als Kind im Urlaub an einem scharfen Felsen eine tiefe Schürfwunde zugezogen.

Wo habt ihr den Urlaub verbracht?

In Nordspanien, direkt hinter der französischen Grenze, in Almadrava an der nördlichen Costa Brava. Hier war auch unser letzter Urlaub mit meiner Mutter. Und auf diesem Felsen stand ich, kurz bevor meine Mutter gestorben ist …

So schließt sich ein Kreis.

… und ich erinnere mich, dass ich als Kind über diesen Felsen gesprungen bin und mich dabei verletzt habe. Meine Mutter nahm mich sofort in die Arme und fing an zu singen, um mich zu trösten. Diese Form des Trostes, so kann ich heute sagen, trägt mich jetzt auch in dieser schwierigen Lebensphase. Es macht natürlich nicht alles wett, auf gar keinen Fall, aber es war etwas da, und der Fuß – zittrig und schwach – fand Halt.

War der Tod deiner Mutter der bis jetzt schmerzlichste Verlust in deinem Leben?

Ja. Die Mutter zu verlieren und die eigene Identität noch einmal neu zu betrachten – da laufen sehr viele Filme parallel ab – ist der elementarste Einschnitt in einem Leben. Auf einmal weiß man, was ein Schmerz ist, von dem man vorher nur ahnte, dass es ihn gibt. Es ist wie eine neue Wirklichkeit. Ein Paradigmenwechsel.

Hattest du ein freundschaftliches Verhältnis mit deiner Mutter?

Nein, so würde ich es nicht nennen. Es war ein sehr intensives Verhältnis, aber es war immer eine Mutter-Tochter-Beziehung. Wir wären zum Beispiel nie gemeinsam feiern gegangen. Aber ich bin ihr in vielen Dingen sehr ähnlich, man könnte fast sagen, es findet eine Art „Muttermorphose" statt. Man wird ein bisschen so wie seine Mutter …

Hat man davor nicht auch ein wenig Angst?

An einigen Stellen sicherlich. Manchmal sind es Charakterzüge, dann sind es wieder ähnliche Gesten, die mir gerade jetzt nach dem Tod meiner Mutter besonders an mir auffallen, und damit lerne ich auch gerade neu umzugehen.

Was kann der Glaube bei einem so schmerzlichen Verlust bewirken? Wie hilft er, wie beschleunigt er die Trauerarbeit?

Ich hoffe nicht, dass er beschleunigt. Jeder Mensch trauert anders. Mein Vater und mein Bruder trauern ganz anders als ich. Man sagt ja, dass sich in der Trauer die Charakterzüge eines Menschen und die Mechanismen, wie man etwas verarbeitet, verstärken. Ich möchte am liebsten den ganzen Tag mit Kerzen sitzen und einfach Stille um mich haben.

War dir die Art und Weise, wie deine Mutter beerdigt wurde, wichtig?

Ja, sehr. Wir haben den Sarg in jenen Farben bemalt, die sie liebte. In hellblau und weiß. Es war jenes Beerdigungsinstitut, bei dem ich einmal hospitiert habe, als ich eine Krise erlebte und mir damals überlegte, ob ich überhaupt Pastorin werden möchte. Dieses Bestattungsunternehmen hat einen ganzheitlichen Ansatz, und zwar Trauer und Tod einen Ort im Leben zu geben. In diesem Rahmen gab es dann auch die Möglichkeit, vor der Beerdigung Mutter noch einmal zu sehen, sich zu verabschieden und die Beerdigung sehr individuell zu gestalten.

Wie geht man mit Trauer am besten um?

Trauer braucht immer seine Zeit und kann nur durch Trauern vergehen. Da muss einfach jeder durch. Aber es gibt natürlich unterschiedliche Mechanismen, damit umzugehen. Natürlich kann man Trauer auch wegschieben, aber sie kommt sicherlich irgendwo raus. Anders eben, weil jeder anders trauert.

Wie soll denn dein Begräbnis ausschauen?

Ich möchte – so wie meine Mutter auch – eine Erd- und keine Feuerbestattung haben. Ich habe auch schon über die Musik nachgedacht. Ich möchte, dass der Gospelsong „Goin' up Yonder" gespielt wird, den hab ich schon mit zwölf in einem Chor gesungen, und einige ältere Kirchenlieder, mit denen ich groß geworden bin. Hast du schon über deine Beerdigung nachgedacht?

Manchmal ja. Ich weiß nicht, ob ich verbrannt werden will. Jedenfalls will ich, dass mein Ende ein Fest wird. Das erbitte ich mir dringend. Ich will, dass mich neben meiner Familie und den mir wichtigen Freunden viele Hunde auf meinem letzten Weg begleiten, bellen und herumtoben. Bitte keine Reden. Ich will, dass das Adagietto aus der Fünften Symphonie von Gustav Mahler und der Walzer „Sphärenklänge" von Josef Strauss gespielt werden. Wenn ihr euch die Zeit nehmt, vielleicht auch noch ein Schubert-Impromptu. Und am Schluss ein Lied von Amy Winehouse – damit alles nicht zu klassisch wird. Danach soll bitte lange gegessen, getrunken und gelacht werden.

Bestattungskultur als Spiegel der Gesellschaft

Man sagt, dass die Bestattungskultur ein Spiegel der Gesellschaft oder auch das, was man sich selbst wünscht, ein Spiegel des eigenen Lebens ist.

Und dazu gehört für mich der traditionelle Leichenschmaus. Das Verhältnis der Wiener zum Tod ist ein ganz spezielles. Wie ja in der Literatur nachzulesen ist. Die Wiener kokettieren gern ein wenig mit dem Tod ...

Was soll auf deinem Grabstein stehen?

Kein bedeutendes Zitat, mein Name reicht. An meinem Grab soll allerdings mein Lieblingsbaum stehen, eine Birke. Neben einem schlichten Stein – nur ja keine Verzierungen.

Fromme Floskeln und billiger Trost

Michael, du hast bis jetzt ein sehr faszinierendes Leben geführt …

… faszinierend klingt mir zu pathetisch, aber immerhin ist es so, dass ich mir als junger Mensch nie hätte vorstellen können, so ein Leben führen zu dürfen.

… würdest du sagen, dass du ein Macher bist oder einer, dem vieles zufällt, ein Durch-Türen-Geher?

Auch wenn ich im Leben immer wieder Glück hatte, habe ich nie auf etwas gewartet. Ich glaube, man muss sein Leben schon in die Hand nehmen und sich eine Struktur schaffen. Ich war nie prädestiniert für einen speziellen Beruf, aber da mein Vater Fotograf war, bin ich sehr jung in seine Richtung gegangen. Erst später kamen das Schreiben und der Journalismus. Studieren hätte ich nie können, dafür war ich viel zu ungeduldig. Ich war immer ein Getriebener und habe mich selbst weitergetrieben, konnte mich nie lange auf etwas konzentrieren. So bin ich heute immer noch. Obwohl es mir inzwischen viel besser gelingt, lange bei einer Sache zu bleiben. Sonst könnte ich auch keine Bücher schreiben.

Du hast einmal gesagt, die Fotografie wäre dein erstes Leben gewesen, wie viele Leben hattest du denn?

Ich habe schon während des Gymnasiums, mit 14, 15 Jahren zu fotografieren begonnen und war früh davon geprägt – auch von diesem wunderbaren Prozess, wenn ein Foto entsteht, damals noch in der Dunkelkammer meines Vaters. Die Fotografie war eine große Leidenschaft. Bis Ende der 1980er-Jahre. Dann habe ich – wenn du so willst – mein zweites berufliches Leben begonnen und mein erstes Buch geschrieben. Über den großen Wiener Romancier Heimito von Doderer. Parallel dazu hat mich Journalismus immer fasziniert, ich habe unter schwierigen Umständen das „Kurier-freizeit"-Magazin gegründet und geleitet. Erstaunlich für einen, den die Welt draußen immer mehr interessiert hat als ein Bürojob fünf, sechs Tage pro Woche. Trotzdem habe ich es mit viel Freude und Enthusiasmus 25 Jahre lang gemacht.

Stichwort Freizeit. Hast du überhaupt Freizeit bei den vielen Dingen, die du machst?

Ich teile mein Leben nicht in Beruf und Freizeit ein. Das ist mein Leben. Am besten entspanne ich in der Sauna, dort kommen mir dann immer wieder Ideen für weitere Projekte. Aber bei diesen Einfällen waren in inzwischen mehr als fünfzig Jahren natürlich auch viele „Stürme im Wasserglas", die nie realisiert wurden.

Auf deiner Website ist aber auch vom Bühnenmenschen zu lesen. Gibt es etwas, wovon du sagen würdest, das bin ich am meisten?

Ich kann dir nur sagen, was ich am liebsten wäre: ein Bühnenmensch. Sind wir das nicht alle irgendwie? Um Arthur Schnitzler zu zitieren: „Wir spielen immer. Wer es weiß, ist klug." Für mich ist es das Schönste, auf einer Bühne zu stehen – vorzulesen oder zu singen –, wenn einem Wohlwollen vom Publikum entgegenkommt. Applaus – dieses Gefühl ist unbeschreiblich.

Das verstehe ich sehr gut. Der Moment, wenn man merkt, es funktioniert und es schlägt einem Wohlwollen von seinem Publikum entgegen. Auf welche Art auch immer man Menschen zum Lachen, Schmunzeln oder auch zum ernsthaften Zuhören bringen kann, es ist ein wunderbares Gefühl. Du singst auch Wienerlieder auf der Bühne …

Mit großer Freude. Es begann auf einer Geburtstagsfeier eines Freundes im Weinviertel, zu der auch Willi Resetarits kam. Zu vorgerückter Stunde hat er gesungen. Bei einem Wienerlied hab ich leise dazu gesungen. Willi hat sich kurz zu mir umgedreht, aber kein Wort gesagt. Ein Jahr später rief er mich an und fragte: „Ich organisiere für das Integrationshaus eine Benefizveranstaltung, hast du nicht Lust, mit mir ein paar Wienerlieder zu singen?" Das war der Start für meine „Sängerkarriere". Junge Musiker aus der Wiener Musikhochschule haben mir dann meine liebsten Wienerlieder als Jazz- und Blues-Nummern arrangiert. Ohne das klassische „Schrammel-Schmalz". So entstanden die „Herzensbrecher". Wir haben damit nicht die Stadthalle gefüllt, aber ich habe mir einen großen Traum erfüllt.

Ich singe auch gern, aber nicht gut. Trotzdem möchte ich einen Chor gründen, weil ich finde, dass Singen etwas ist, das Sprachbarrieren überwindet.

Ein schönes Projekt, das solltest du machen.

Wir sitzen hier in eurer schönen Wohnung und man spürt, dass die Menschen, die hier leben, viel gereist sind. Goethe hat einmal gesagt: „Was ich nicht erlernt habe, habe ich erwandert." Würdest du das unterstreichen?

Es ist ein Glück, dass meine Frau Angelika als Reisejournalistin sehr viel unterwegs war und über zehn Jahre lang durch die Welt gereist ist, um danach ihre Erlebnisse in Deutschland, Österreich und der Schweiz zu publizieren. So haben wir uns auch kennengelernt. Wir freuen uns, wenn wir diese enge, kleine Welt Österreichs auch immer wieder verlassen. Aber es ist immer schön, zurückzukommen.

Was ist für dich Heimat?

Heimat ist dort, wo ich mich wohl fühle. Meine Heimat ist Wien, mit all den Erinnerungen an meine unbeschwerte

Kindheit. Ich bin in diesem Dschungel Wien sehr verwurzelt, das erkenne ich im Alter immer mehr. Und Heimat ist auch dort, wo ich mit Menschen zusammen sein kann, mit denen ich gute Gespräche führen und lachen kann.

Gibt es darüber hinaus andere Plätze?

Ich liebe New York. Mit den besten Jazzlokalen der Welt. Vielleicht mag ich die Stadt auch wegen des jüdischen Lebens, das man dort spürt. Wenn ich nur an die herrlichen Delis mit Pastrami und Salzgurken denke, rinnt mir das Wasser im Mund zusammen. Aber ich liebe auch Paris, London und in Italien weiß man gar nicht, wo man zu schwärmen beginnen soll. Und ich habe ein großes Faible für Budapest, diese Stadt lass ich mir auch nicht von der rechtsradikalen Figur Orbán vermiesen. Und natürlich gibt es auch in Österreich magische Orte. Da steht Altaussee an erster Stelle …

Gott ist wie ein Raum und nicht nur ein Gegenüber

Wie erklärst du einem alten Agnostiker wie mir Gott?

Dazu fallen mir spontan zwei Sätze ein, die ich mir hierfür gern ausleihen möchte. Der erste ist aus dem 1. Johannes-Brief und heißt „Gott ist Liebe. Wer in Gott bleibt, ist in der Liebe und wer in der Liebe bleibt, ist in Gott." Diesen Satz meditiere ich gerade in letzter Zeit sehr häufig. Gott ist wie ein Raum und nicht nur ein Gegenüber, das mir zum Beispiel in der Trauer hilft, für all das Klagen, Leiden, Weinen. Dann gibt es den Satz von dem Theologen Dietrich Bonhoeffer, der im Widerstand war und auf Befehl von Hitler erschossen wurde: „Einen Gott, den es gibt, gibt es nicht." Das heißt, Gott zu definieren, scheitert schon an der

Definition selbst. Vielleicht hilft es, Gott in etwas Unendlichem zu spüren. So ging es mir, als ich zum ersten Mal ein Bild des NASA-Hubble-Weltraumteleskops gesehen habe. Ein Blick in den Weltraum, der mich so berührt hat. Diese unendliche Größe, die gleichzeitig in den kleinen Alltäglichkeiten vorhanden ist … Und dann ist da diese 2000 Jahre alte Geschichte von dem Baby, in Windeln gewickelt, liegend in einer Krippe in einem ärmlichen Stall, und wir alle wissen, was in Windeln ist … Als Christin glaube ich, dass Gott in diesem jüdischen Baby namens Jesus, eigentlich Yeschua, „Mit uns" ist. Das ist sozusagen sein Zweitname: Immanuel. Übersetzt: Gott ist mit uns. Diese Unglaublichkeit lässt mich paradoxerweise glauben.

Dein Vater war fünfzig Jahre alt, als er bekehrt wurde, ich bin 72. Glaubst du, dass auch ich noch zum Glauben finden werde? Was müsste da passieren?

Das kann ich nicht sagen, aber grundsätzlich ist es für Menschen nie zu spät, zum Glauben zu finden. Genauso, wie man seinen Glauben verlieren kann, kann man ihn auch finden. Die Frage ist, was ist Glaube? Glaube ist ja auch immer Prozess. Es gibt sicherlich auch Menschen, die glauben, ohne zu wissen, dass sie glauben. Menschen, die ein Gespür, einen speziellen Zugang haben – anders als ein Kirchenmensch. Wenn man in der Lage ist, neugierig und faszinationsbereit zu sein, dann ist das ja bereits eine offene Tür. Gott nutzt sicherlich sehr viele Möglichkeiten. Auch, um Menschen zu erreichen.

Würdest du mich gern bekehren?

Ich glaube nicht, dass man Menschen bekehren kann. Das ist ein Prozess, der nur von innen kommen kann. Ich bin überzeugt, dass das Gottesgeschehen mit und in jedem Menschen individuell und anders passiert.

Ist das „Personal Gottes“ nicht auch dazu da, Ungläubige zum Glauben zu bringen?

Natürlich ist da immer ein gewisser missionarischer Geist. Und wenn ein Gespräch dazu führt, dass ein Mensch sagt, das hat mir geholfen oder es wurde mir eine neue Perspektive eröffnet, das hat mich näher zu Gott gebracht, dann freue ich mich darüber. Aber ich stehe nicht mit dem Gedanken auf, das tun zu wollen. Ich will nicht durch die Gegend laufen und Menschen als Objekte sehen. Auf gar keinen Fall. Das mochte ich als Kind schon nicht und heute, wo ich das artikulieren kann, erst recht nicht. Es würde auch einigen Christinnen und Christen guttun, wenn sie sich nicht immer ein Stückchen höher stellen würden und meinen, sie hätten die Weisheit mit Löffeln gefressen. Viele unterschätzen auch sehr, dass ihr Glaube durch ihre Biografie geprägt wurde. Aber ich wünsche jedem Menschen göttliche Begegnungen. Momente, die über alles hinausgehen, was sie sich vorstellen können. Die in ihr Leben hineinragen und es verändern. Ich habe mir dieses Jahr ein Zitat von der französischen Schriftstellerin Madeleine Delbrêl in den Kalender geschrieben: „Brecht auf ohne Landkarte – und wisst, dass Gott unterwegs zu finden ist und nicht erst am Ziel.“

Was ist das Schönste an deinem Beruf, an deiner Berufung?

Wenn ich auf die letzten Jahre schaue – ich bin jetzt seit acht Jahren Pastorin –, es war nie langweilig, ich darf sehr kreativ sein und habe die Möglichkeit, Dinge zu gestalten. Das muss man sich aber auch trauen. Der Umgang mit Menschen aus verschiedensten Bereichen und Kulturen – das genieße ich sehr und empfinde es als einen Segen.

Was ist nicht immer schön im Leben einer Pastorin?

Herausfordernd ist, dass Freud und Leid so nah beieinanderliegen, dass man manchmal das Gefühl hat, man wäre in einem schlechten Film. Man begleitet einerseits Flüchtlinge als Seelsorgerin und sitzt andererseits im Gerichtssaal, wird Zeugin einer Tragödie.

Trost aus dem Automaten gibt es nicht

Wir leben in der vielleicht schwierigsten Zeit seit dem Ende des Zweiten Weltkriegs. Wie kann man Menschen – auch solchen, die nicht gläubig sind – Zuversicht vermitteln?

Ich glaube, es ist wichtig, sich immer daran zu erinnern – auf die Geschichte der letzten 2000 Jahre zurückblickend –, dass es immer weitergeht. Das mag ein Trost sein. Aber dabei kommt es natürlich darauf an, wem ich das sage. Wenn man hungernd im U-Bahnschacht von Kiew sitzt, ist das natürlich wenig Trost. Da möchte man jemandem, der einem sagt, dass die Welt noch nie untergegangen ist, wahrscheinlich eins auf die Nase hauen. Daher ist Trostspenden sehr individuell zu sehen. Auch ich als Pastorin bin kein Automat, aus dem man sich Trost rausziehen kann. Manchmal muss man Trost auch spenden, indem man mitschweigt oder mitweint. Schwierig wird es, Trost und Hilfe zu spenden, wenn es aktuell keine wirkliche Hilfe gibt. Man hilft lieber, als einem geholfen wird. Den meisten Menschen geht's ja gut, wenn sie spenden und helfen können. Vielleicht sollte man auch manchmal schauen, wie man von seinem „Retterprinzip" rauskommt. Gerade bei Menschen mit religiöser Verankerung spielt dies aber mit. Auch ich neige manchmal zu einem „Retterkomplex"–

das schwingt in meinem Beruf immer mit. Da muss man sich manchmal zurücknehmen. Wir alle dürfen uns nicht einbilden, die Welt retten zu können. Und wir dürfen uns nicht zu wichtig nehmen. Im christlichen Sinne ist die Welt ja bereits erlöst worden …

Da macht man es sich, meiner Meinung nach, schon sehr einfach, wenn man sich auf diesen Satz zurückzieht. Jedes Jahr sterben Millionen Kinder an Hunger, was macht Gott dagegen?

So ist das nicht gemeint. Natürlich gilt es für mich als Mensch und Pastorin, zu helfen, wo Not ist. Aber trotzdem dürfen wir uns als Retter der Welt nicht zu wichtig nehmen und überheblich werden, sondern wir müssen realistisch bleiben in dem Bild über uns selbst. Vielleicht ist „Verbündete" sein das bessere Wort. Verbündete der Schöpfung und verbunden mit den Menschen die Leiden. In der Hoffnung, auch im eigenen Leid Verbundenheit zu spüren.

Muss man Trost oder Liebe immer aussprechen?

Nein, beides kann auch von Gesten, von Herzenswärme getragen sein.

Wie entspannst du dich, wie atmest du selbst durch?

Oft sind das ganz pragmatische Sachen wie spazieren gehen. Auch ich brauche Menschen, mit denen ich darüber sprechen kann, was mich gerade sehr beschäftigt. Manchmal bete ich auch nur – fast infantil: „Lieber Gott, ich versteh das nicht …"

Und du? Wie schöpfst du Hoffnung?

Wenn ich aus dem Fenster schaue und es fallen dicke Schneeflocken vom Himmel, dann hat der Himmel – der für mich nicht etwas ist, wo der liebe Gott wohnt – eine Kraft, die mir Hoffnung vermittelt, mich beruhigt und auch mit Freude erfüllt. Auch wenn das nur kurze Momente sind, vergesse ich dann alles rund um mich.

Das verstehe ich gut. Vor allem, wenn man bedenkt, dass jedes einzelne Schneekristall einzigartig ist. Keines wiederholt sich, das ist wirklich faszinierend. Aber das muss ja nicht nur der Schnee sein, sondern auch das Unkraut, das sich zwischen den Steinen seinen Platz schafft, oder eine lodernde Flamme oder ein wunderschönes Lächeln …

Gibt es Momente, wo du an deinem Glauben oder an Gott zweifelst?

Glaube und Zweifel sind wie zwei Seiten einer Münze. Zweifel an sich ist ein zweideutiger Ausdruck. Es gibt das Anzweifeln und das prüfende Zweifeln, ein Hinterfragen – und ich finde, Glaube muss immer hinterfragbar sein. Natürlich schaue ich in die Welt und sehe, was da los ist, und hänge an der Theodizee-Frage: „Wie kann ein Gott all das Schlimme zulassen?" An diese Frage ist man immer gebunden und ich misstraue eher Menschen, die sagen, ihr Glaube steht wie eine feste Burg, da kann niemand daran rütteln. In meiner Erfahrung sind das meistens Menschen, die eher engstirnig sind. Zweifel müssen immer bestehen bleiben dürfen.

Hast du bereits ähnliche persönliche Krisen durchgemacht?

Ja, eigentlich immer dann, wenn ich zu intensiv mit zu frommen oder konservativen Menschen zusammen war. Die erste Glaubenskrise hatte ich, als ich auf dem von Christen verschiedenster Konfessionen besetzen Ärzteschiff in Honduras gearbeitet habe. Es waren vor allem evangelikal geprägte Amerikaner. Hier hatte ich erstmals das Gefühl, dass mein Glaube überprüft wird und er dem nicht standhalten kann, was alle anderen „an Glauben zu bieten hatten". Deren Glaube war sehr verbunden mit strengen Moralvorstellungen. Ich war 19 Jahre alt und hatte meine erste Glaubenskrise. Selbstverständlich kamen dann auch immer wieder Zweifel an meinem Lebensweg. Was will ich werden? Und kollidiert der Glaube nicht mit meinem Freiheitsbedürfnis? Und natürlich habe ich Phasen, in denen ich vollkommen ergriffen bin von einem Gottesmoment, und Phasen, während denen ich denke: Wie kann es mir so gut gehen und anderen nicht? Ja, ich zweifle schon immer wieder an der Ungerechtigkeit der Welt.

Aber der Zweifel ist nie so groß, dass du nicht mehr in diesem Beruf tätig sein willst?

Es gibt diese Momente, aber ich könnte mir nicht vorstellen, keine Gottesbeziehung zu haben. Das steckt zu tief in mir drinnen. Und immer wieder gibt es auch eine Situation, in der mich Menschen in ihrem tiefen Glauben mehr als bestätigen. Dazu eine kleine Geschichte: Ich gehöre zu der einzigen Freikirche in Wien, in der queere Menschen willkommen sind. Ohne die Auflage, sich verändern oder anders leben zu müssen. Dazu gehören auch viele Menschen mit Fluchtbiografien, die aus dem Iran oder Afghanistan kommen. So saß ich eines Tages mit queeren Iranern in einer Runde, die ihre Glaubensfragen mit jemandem besprechen wollten. Ein junger Iraner sagte: „Mira, wie könnte ich denn auf Gott vertrauen, wenn man mir das ganze Leben lang sagt, ich bin schlecht und darf so nicht sein. Nur die Tatsache, dass ich glaube, dass mich dieser Gott annimmt und liebt, so wie ich bin, trägt mich.“

Jetzt gibt es ja auch immer mehr queere Kirchen-Menschen, die sich in der Vereinigung „#OutInChurch“ zusammengefunden haben. Wie wird das kirchenintern behandelt? Was lernt die Kirche daraus?

Leider hat die Kirche diesbezüglich keine Vorreiterrolle übernommen, das hätte ich mir gewünscht. Durch die Digitalisierung vernetzen sich Menschen schneller und vieles wird sichtbarer – es gibt diesen Paradigmenwechsel ja nicht nur in der Religion, sondern auch gesellschaftlich. Alles geht schneller, wird schneller öffentlich. Wir befinden uns mitten in einem Umdenkprozess. Es bleibt spannend und ich hoffe, dass alle kirchlichen Gemeinschaften von queeren Menschen lernen. Nämlich: Angenommen zu sein, vollkommen gewollt zu sein, so wie man geschaffen ist. Damit ecke ich durchaus an und ich weiß, dass ich damit nicht die Mehrheitsmeinung der Baptisten und der Freikirchen in Österreich vertrete.

Fromme Floskeln und billiger Trost werden für viele Menschen immer obsoleter … Wie begegnest du diesen?

Wenn man Floskeln und billigen Trost weglässt, dann geht's wirklich ums Eingemachte. Und jeden tröstet etwas anderes. Das merke ich jetzt selbst, da ich in meiner Trauerphase wesentlich sensibler und dünnhäutiger bin. Ich habe auch eine andere Perspektive, woher Trost überhaupt kommen kann. Im Idealfall wird Trost eine Haltung, die man lernt für sich zu kultivieren, um sie dann auch für andere verwenden zu können.

Das muss man aber erst einmal schaffen. Bist du ein Gefäß, das voller Trost ist, um dann auch für andere daraus zu schöpfen?

Ich stelle jetzt fest, dass es mich tröstet, mit Menschen zu sein, die auch gerade eine Trauererfahrung durchmachen oder gemacht haben. Ich merke, dass mir das hilft.

Ein Trost, ohne dass der andere aktiv tröstet, sondern dieser Mensch weiß – auch ohne viele Worte –, wie sich der Schmerz anfühlt.

Wendest du dich, wenn es dir schlecht geht, an jemanden, der dir pastoralen Trost spenden kann? Oder machst du die Trauer mit dir selbst aus?

Gerade in dieser schwierigen Zeit habe ich mich vermehrt Freunden zugewandt und auch Rat bei einem befreundeten Kollegen gesucht. Es ist auch spannend, zu erkennen, welche Freundinnen präsenter werden als andere. Bei wem ich mehr Nähe empfinde …

Aber auch einsame Stunden helfen. Ich lese gerade viel und bin offen für Trost, wo er mir begegnet. Auch wenn es kitschig klingt: Eine Woche nach dem Tod meiner Mutter besuchte ich eine Veranstaltung, bei der mein Freund Marco Michalzik, seines Zeichen Lyriker und Spokenwordkünstler, einen Auftritt mit einem Chor in einer Kirche hatte. Seine Gedichte wurden mit klassischen und modernen Liedern untermalt. Ich wusste am Morgen noch nicht, ob ich dafür bereit war. Ich saß in der ersten Reihe und hab Rotz und Wasser geheult. Und auf einmal flog ein Schmetterling an mir vorbei, über den Chor hinweg. Ich werde dieses Gefühl nie vergessen, das ich in der unerwarteten Begegnung mit diesem kleinen Flügelwesen spürte.

Mit beiden Beinen durchs Leben tanzen

Wie konterst du der These, dass die Kirche konservativ und nichts für junge Menschen ist?

Diese Behauptung würde ich grundsätzlich hinterfragen. Natürlich gibt es viele Kirchen, die sehr konservative Flügel haben. Aber ich weigere mich zu glauben, dass alt gleich konservativ und jung gleich progressiv und liberal bedeutet. Manchmal haben gerade ältere Menschen aufgrund ihrer Erfahrung wesentlich offenere Ansichten. Oft sind es gerade sehr junge Menschen, die in dieser sehr pluralistischen Welt Anker suchen.

Hat sich das in letzter Zeit verstärkt?

Ja. Ich erkenne vermehrt Ängste. Vor allem bei Menschen zwischen 16 und 25 merke ich in freikirchlichen

Kreisen, dass die Vorstellungen von Partnerschaft beispielsweise sehr bestimmt sind und man davon ausgeht, dass man Menschen kennenlernen will, die eine ähnliche Weltanschauung haben, und damit eigentlich im Leben nicht mehr viel passieren kann, denn es liegt nun sozusagen in „heiligen Händen“. Danach kommt dann häufig mit Ende zwanzig das böse Erwachen, wenn das Leben doch nicht so glatt läuft. Dann schlittern die Menschen oft in eine Krise. Dann hören manche auch auf sogenannte, oft sehr militante „Christfluencer“, die online viele Follower haben. Hier wird auf simple Art und Weise ein Richtig und Falsch vermittelt – ohne Zwischentöne. Das vermittelt suchenden Menschen natürlich oft Sicherheit. Schlimm wird es, wenn dadurch eine Abgrenzung zu anderen entsteht.

Das Problem und die Gefahr ist auch, dass Menschen so gern irgendwo dazugehören möchten und diese Influencer das zu nutzen verstehen …

Ja, genau. Dadurch sind Menschen steuerbar und man kann von zwei Seiten vom Pferd fallen. Im religiösen Kontext, aber auch in säkularen Fragen. Wenn daraus etwas Gutes entsteht – für sich und auch für die Gesellschaft –, dann ist das okay. Wenn daraus eine Ab- oder Ausgrenzung entsteht, dann wird es gefährlich. Man sieht, was beispielsweise vor dem Kapitol geschah …

… jetzt hast du meine Frage aber umschifft.

Ich möchte nicht die Kirchen pauschal verteidigen, sondern versuche, ein breiteres Bild zu schaffen. Wir sehen hier das österreichisch-deutsche oder das westliche Bild der Kirchen. Wenn man beispielsweise nach Asien oder Südamerika schaut, wachsen die Kirchen dort. Trotzdem muss das – wenn man an Brasilien denkt – nicht immer ein gesellschaftlicher Gewinn sein. Oft hört man, dass es früher in den Kirchen nicht nur voller, sondern auch besser war. Da frage ich mich, was war denn besser und von welcher Epoche spricht man da? Will man denn zurück in die Zeit der Kreuzzüge? Während des Zweiten Weltkriegs waren die Kirchenbänke voll, aber es war doch keine gute Zeit. Ja, die Kirchen waren früher voller, aber nicht nur wegen des Glaubens, sondern – wie ein Kollege sagte – auch wegen „Bratwurst und Brautschau“.

Das findet heute woanders statt.

Genau. Damit will ich sagen, dass die Kirchen nicht nur für den Glauben, sondern auch für gesellschaftliche Konventionen zuständig waren, die sich verschoben haben. Meine Hoffnung wäre, dass aus den leeren Kirchenbänken aber etwas Neues, Mündiges, Schönes entstehen kann. Aber dieser ewig rückwärtswandte, verklärte Blick langweilt mich ungemein. Daher ist es vielleicht gar nicht so schlecht, dass die Kirche etwas an Macht und Einfluss und Geld verliert. Die Kategorie „Das Reich Gottes“ ist ja nicht als imperialistischer Gedanke zu verstehen, auch soll kein „Gottesstaat“ entstehen, sondern es ist überall, wo sich Gutes in diesem Glauben – auch ganz ungesehen – entwickelt. Gott ist nicht nur in den Kirchen, sondern überall. Überall dort, wo Menschen Befreiung erleben.

Du meinst, es ist wohltuend und reinigend wie für eine Partei, wenn sie Mitglieder verliert, in Opposition geht und sich so erneuert? Kann das auch für die Kirche gelten? Machen dir die vielen Kirchenaustritte nicht auch Angst?

Ich habe diesbezüglich keine Angst, selbst wenn man das auch in unserer kleinen Freikirche, gerade nach Corona, bemerkt. Als Baptistin bin ich für die Trennung von Staat und Kirche, aber natürlich überlegt man sich immer wieder, wie sich die Kirche finanzieren soll. Auch in unserer Kirche muss das Klopapier bezahlt werden.

Warum hast du dich für diese Freikirche und den Baptismus entschieden? Freikirchen haben in der Öffentlichkeit oft keinen guten Ruf.

Das hängt auch mit meiner Biografie zusammen. Ich bin in einem baptistischen Umfeld groß geworden, das war natürlich eine wichtige Prägung. Danach habe ich evangelische Theologie an der Universität Bonn studiert und mich als Erwachsene entschieden, Pastorin zu werden. Die Prinzipien des Baptismus – das heißt Glaubens- und Gewissensfreiheit für alle Menschen, die Eigenständigkeit der jeweiligen Ortsgemeinde, die Trennung von „Thron und Altar", wir würden heute sagen, Staat und Kirche – sind mir wichtig. Das heißt nicht, dass man nicht auch kooperieren kann, vor allem in einer Demokratie. Aber das Verhältnis muss stimmen. Der Glaube muss frei wählbar sein und ein ganz wesentlicher Punkt dabei ist, dass Taufe kein Mittel zum Zweck sein darf und daher Kinder nicht getauft werden.

Woher kommen diese Vorbehalte über baptistische Freikirchen?

Man muss wissen, dass die Geschichte der Freikirchen in Österreich eine ganz spezielle ist. In einem sehr katholischen Land, einem Land der Gegenreformation, wo man Protestantismus, Freikirchen und Baptismus stärker bekämpft hat. Die Freikirchen in Österreich waren daher sehr lange Zeit eine stark marginalisierte Gruppe, die sich dann intensiv abgegrenzt hat und dadurch eine sehr starke Bindung entwickelt hat. So quasi: Draußen ist die böse Welt und wir hier drinnen sind die Guten. Ich glaube, dass diese Vorbehalte und die Abgrenzung von beiden Seiten auch aus dieser Entwicklung resultieren. Seit zehn Jahren werden die Freikirchen auch in Österreich anerkannt, das heißt sie stehen jetzt nicht mehr ganz in der Sekten-Ecke, was gut und richtig ist. Gleichzeitig haben viele, aber nicht alle Freikirchen eine sehr spezielle theologische Form der Bibelauslegung. Das heißt, sie nehmen jene Stellen, die ihnen wichtig sind, die sehr stark mit sexual-ethischen Themen in Erscheinung treten. Es herrscht da und dort eine sehr große und rigide Weltfremdheit. Ich denke, das ist genau der Punkt, an dem das zusammenkommt. Auf der anderen Seite gibt es unzählige aufopfernde Menschen in den freien Kirchengemeinden, die versuchen, ihren Glauben an Gott auch im Alltag zu leben.

Haben Freikirchen nicht auch durch Corona und Impfgegner mehr Zulauf? Erkennst du da einen Zusammenhang?

Ja, es gibt in den Freikirchen Menschen, die für dieses Gedankengut offen sind, und in diesem Milieu gibt es eine höhere Anfälligkeit für Verschwörungstheorien. Hier passiert derzeit auch innerhalb der Freikirchen im deutschsprachigen Raum einiges. Es wird viel gestritten. Es findet gerade eine Form des Abdriftens radikalerer Gruppen statt. Gleichzeitig werden auch die progressiven Stimmen lauter, die beispielsweise die Ausgrenzung queerer Menschen im Namen Gottes unerträglich finden.

Und in deiner Freikirche?

Nein. Für uns als „projekt:gemeinde" war klar, dass Verschwörungstheorien verrückt sind. Natürlich gibt es immer Menschen, die Ängste haben und dies auch kundtun. Aber wir stehen generell eher am liberalen, progressiven Flügel der Freikirche. Das mag auch der Grund sein, warum man uns immer wieder vorwirft, wir wären nicht bibeltreu genug. Was nicht stimmt. Auch für uns ist die Bibel „Wort Gottes", ich lehne nur die heteronormative Art der Auslegung ab.

Sprichst du in Predigten diese Thematiken an oder lässt du das bewusst aus?

Natürlich geht man zum Beispiel auf die coronabedingten Thematiken wie Einsamkeit oder Lockdown ein. Zum Beispiel mit einem Predigtformat mit Kollegen aus verschiedensten sozialen Umfeldern – ein Familienvater, ein älterer Kollege und ich damals noch als Single, – wir alle drei berichteten, wie wir selbst mit dieser Situation umgegangen sind. Wir haben auf eine seelsorgerähnliche Weise diese Themen angesprochen.

Wie steht deine Freikirche zur Homosexualität, wie stehst du persönlich dazu? Wie offen soll Sexualität gelebt werden?

Ich bin Pastorin in einer Baptistengemeinde, diese gehört zum Bund der Baptisten und dieser wiederum zum Bund der Freikirchen. Meine Gemeinde ist zwanzig Jahre alt, das heißt, als sie gegründet wurde, war ich 17 Jahre alt. Die Gründungsidee war damals: „Wie kann man die Kirche im 21. Jahrhundert denken, was bedeutet der Glaube im Sinne von Eingrenzung und nicht von Ausgrenzung?" Dazu gehörten unter anderem Frauen in der Leitung und dass jeder Mensch, egal wen er liebt, bei uns willkommen ist. Ich stieß dann zur Freikirche und behauptete natürlich auch, dass jeder Mensch bei uns willkommen ist. Bemerkte allerdings, dass diese Meinung im Großraum des Bundes eigentlich nicht so verbreitet ist. Das hat dann für Aufruhr gesorgt, und als ich im Sommer 2022 ein schwules Paar gesegnet und dies auch in den sozialen Medien gepostet habe, wurde das im Baptistenbund sehr kritisch gesehen. Nicht so in meiner Gemeinde, da fand ich Unterstützung. Dazu muss auch gesagt werden, dass jede Ortsgemeinde innerhalb dieses Bundes theologische Schwerpunkte setzt. Wir taufen zum Beispiel auch keine Babys, da wir finden, dass die Menschen selbst zu ihrer Taufe Ja sagen sollten. Sehr viele Menschen haben in freikirchlichen Kontexten eine Bibelauslegung, von der sie behaupten, sie sei wortwörtlich. Ich finde, sie wird sehr oft so angewandt, wie es gerade passt. So behaupten manche – um zu deiner Frage zurückzukommen –, Homosexualität sei dem Herrn ein Gräuel, sie sei Sünde und würde die Ehe zerstören. Die biblischen Stellen, die gleichgeschlechtliche Sexualität thematisieren, beziehen sich aber nicht auf egalitäre Beziehungen oder Liebe. Sie haben immer ein Machtgefälle im Blick und in der Kritik.

Könnte man dir tatsächlich verbieten, ein homosexuelles Paar zu segnen?

Offiziell verbieten kann man es mir nicht, aber es ist trotzdem nicht einfach für mich und bis heute ein Streitthema im Bund – nicht innerhalb meiner Gemeinde wohlgemerkt. Aber ich werde auch künftig homosexuelle Paare segnen, weil ich es aus bestem Wissen und Gewissen für richtig halte.

Menschen hassen, die ihre Sexualität ausleben?

Was glaubst du, wie lange wird es dauern, bis hier ein Umdenken stattfindet?

Schritt für Schritt, denke ich. Aber es geht schneller als in der Frauenfrage, wo es immerhin zwanzig Jahre gedauert hat. Es hat die Dimension eines Schneeballes, der immer schneller und schneller wird. Ich merke, dass es gerade jetzt viele Menschen gibt – vor allem auch an der Basis der Kirchen –, die selbst ein Coming-out haben und sagen, so jetzt ist Schluss: „Ihr predigt mir seit Jahren, dass Gott all seine Kinder liebt, und jetzt soll ich im Namen dessen Menschen hassen, die ihre Sexualität ausleben?" Denen fliegt die eigene Predigt um die Ohren, das ist meine große Hoffnung. Und meist sind die, die am lautesten schreien, jene, die irgendwelche Ämter innehaben und eine unglaubliche Angst vor Machtverlust haben. Angst vor dem eigenen Relevanzverlust und Angst vor all dem, was ihnen fremd ist. Viele haben auch selbst eine sehr engstirnige Sexualwahl und Angst davor, dass plötzlich alles erlaubt sein könnte. Dinge, die sie sich vielleicht selbst einmal verboten haben. Nun kommt allerdings zum Glück eine Generation, die zwar auch an Gott glaubt, aber eine ganz andere, offenere Einstellung zur Sexualität und Partnerwahl hat.

Sex, ein heißes Eisen in der Kirche

Haben die Kirchen nicht übergeordnet ein Problem mit der Sexualität? Umschifft man nicht generell das Wort „Sexualität"?

Ja, man umschifft es einerseits gern und andererseits ist es fast eine Obsession, welch enorm wichtige Rolle diese sexualethischen Fragen spielen. Und ja: Homosexualität und Genderfragen sind sehr heiße Eisen in der Kirche. Dazu gehören auch Sex vor der Ehe und Abtreibung. Das, was früher Christologie, Taufe oder Liturgiefragen waren, verschiebt sich meiner Meinung nach, die Konfessionen werden durchlässiger. Marlene Dietrich hat einmal gesagt: „In Amerika ist Sex eine Obsession. In anderen Teilen der Welt eine Tatsache." Das lässt sich meines Erachtens gut paraphrasieren. Für die Kirchen ist Sex eine Obsession. Für die meisten Menschen eine Tatsache.

Wie wichtig ist Sexualität für dich selbst?

Wichtig, wie für jeden Menschen. Momentan sitze ich gerade in einem Ethikrat zum Thema Sexualität. Es ist eines der wichtigsten Themen überhaupt. Dadurch sind wir Menschen ja entstanden. Der Versuch, Sexualität wegzuschieben, kann sich in manchen kirchlichen Kreisen zu einer Obsession entwickeln. Und ich habe keinerlei Verständnis dafür, dass Sexualität ausschließlich in einer heterosexuellen Ehe erlaubt sein soll. Ich bin diesbezüglich sehr frei aufgewachsen. Meiner Mutter war wichtig, dass ich immer auf meine Gefühle höre und bei jeder Entscheidung darauf achte, dass es mir dabei auch gut geht.

Sexualität ist ein nicht immer offen diskutiertes Thema, mit vielen Tabus behaftet, in der Gesellschaft und besonders in der Kirche …

Ja. Mittlerweile gehe ich so weit, andere Menschen davon zu überzeugen, dass die eigene Sexualität jedem selbst gehört. Das umfasst auch das eigene Körpergefühl und auch die Wertschätzung des Gegenübers. Ich habe im Kontext mit meiner feministischen Erfahrung in den letzten Jahren das Gefühl, dass man – was Sexualität betrifft – sprachfähiger geworden ist, die Dinge weniger schambehaftet sind und dass da gerade ein Prozess stattfindet. Ich bin auch mit einer Sexualtherapeutin, die ich über einen Podcast kennengelernt habe, befreundet. Wir sind ein lustiges Gespann, die Sexkolumnistin und die Pastorin.

Was sind die Hauptprobleme der Menschen, die zu ihr kommen?

Das müsstest du mit ihr besprechen, aber ich glaube, dass es vor allem darum geht, kommunizieren zu lernen, denn für viele Menschen ist das Thema, egal ob fromm oder nicht, immer noch schambelastet.

Da helfen natürlich Dating-Portale …

Ich habe Tinder geliebt. Aber jetzt bin ich seit mehr als einem Jahr in einer festen Beziehung, die ganz wunderbar ist. Wir haben uns allerdings nicht online kennengelernt. Doch davor habe ich fast sechs Jahre lang getindert.

Was hat dich dazu gebracht?

Als ich nach Wien kam, fand ich es anfangs schwierig, jemanden kennenzulernen.

Schwieriger als in Köln?

Ja. Im Rheinland ist man viel offener und kann an jeder Straßenecke jemanden treffen. Es ist fast schwierig, nicht jemanden kennenzulernen. Sowohl „flirtiv" als auch platonisch. Alles ist möglich. In Wien war das ganz anders. Ich hatte immer das Gefühl, hier ignoriert man sich bis 12 Uhr nachts, danach sind alle so betrunken, dass es sehr plump wird. So kam ich auf Tinder.

Wie hast du dich auf Tinder beschrieben? Hast du zugegeben, dass du Pastorin bist?

Nein, um Gottes Willen. Den Beruf muss man ja nicht angeben. Ich habe geschrieben: „Kölner Wahlwienerin. Somit rheinländischen Gemütes. Stets optimistisch. Immer lustig. Turbulent in sich ruhend. Stark am Glas. Was ich nicht erlernt habe, habe ich er-reist bzw. er-fahren. Ich tanze mit beiden Beinen durchs Leben. Roadtrips zum Meer sind ein Muss. Und immer über den Tellerrand." Ich habe Tinder immer als Möglichkeit gesehen, Männer kennenzulernen, die ich aufgrund ihrer Beschreibung spannend fand. Da war nicht immer ein amouröser Gedanke dabei.

Sagen denn all die Männer die Wahrheit?

Wahrscheinlich nicht, aber ich hatte immer einen ganz guten Blick. Es ist wie bei allen Dingen im Leben, es gibt Schnittstellen, bei mir ist das zum Beispiel das Reisen.

Hattest du eine längere Beziehung durch Tinder?

Nein. Aber ich habe interessante Menschen kennengelernt, lustige Sache erlebt, ich bin zum Beispiel mit einem australischen Künstler die ganze Nacht durch Wien spaziert. Es waren eher diese Art von Erfahrungen, die mir großen Spaß gemacht haben. Ich habe dadurch Männer getroffen, die ich sonst nie kennengelernt hätte. Straßenmusiker, Pokerspieler, einen skatenden Klempner, den Trainer von Mikaela Shiffrin, der zu Silvester in Wien gestrandet ist. Ja, es war cool.

Aber jetzt bist du in einer glücklichen Beziehung?

Ja, die Pastorin und der Künstler. Ganz fantastisch und unsere Beziehung ist auch darauf angelegt, dass wir zusammenbleiben und heiraten, Kinder bekommen und all diese Dinge …

Was sind dir als Privatperson die liebsten Dinge im Leben?

Mit meinem alten VW-Bus zu reisen, steht an erster Stelle. Und sei es nur, an einem lauen Abend in die Wachau oder zur Hohen Wand zu fahren und dann dort im Bus zu schlafen. Kleine Fluchten als Kurzurlaub für die Seele. Das ist in Wien großartig. Eine halbe, dreiviertel Stunde von der Stadt entfernt und man ist mitten in der Natur. Davon kann ich sehr ergriffen sein und das tut mir unfassbar gut. Außerdem singe ich gern im Auto oder, besser gesagt, ich gebe Konzerte, sobald die Türen zu sind. Und natürlich auch Freunde treffen, irgendwo sitzen und einfach das Geschehen beobachten. Ich könnte von morgens bis abends am Naschmarkt hocken und nur schauen. Ich genieße immer die Zeit mit Menschen, in der ich nicht die Pastorin bin, wo keiner eine Erwartungshaltung an mich hat. Und selbstverständlich genieße ich die Beziehung mit meinem Partner sehr. Vor allem die Art, wie wir beide miteinander reden können. Er ist Lyriker. Ein Gegenüber zu haben, das mir neu, fremd und ähnlich zugleich ist, finde ich wunderschön. Dieser Austausch ist für mich ein enormer Gewinn im Leben. Und natürlich: Weißwein, Rosé, Crémant, gutes Essen …

Feministin auf der Kanzel

Würdest du dich als „Feministin auf der Kanzel" bezeichnen? Und was muss sich beim Thema „Frauen und Feminismus" in der Kirche ändern?

All diese Fragen wie Homosexualität und Feminismus entsprechen einem sehr konventionellen, biblischen Familienbild. Das hat allerdings nichts mit „gottgewollt" zu tun, sondern diese Fragen rütteln gesamtgesellschaftlich und in der Kirche an einem sehr patriarchalen System. Deshalb ist auch das Aufbäumen gegen diese Veränderungen so enorm. Das spürt man auch bei der Abtreibungsfrage sehr stark. Es ist ja nicht nur ein sehr emotionales Thema, sondern auch eine Frage der Macht, wo Kirchen und Männer Macht über Frauen und deren Sexualität haben wollen.

Spürst du da Widerspruch bei den Menschen oder deiner Gemeinde?

In meiner Gemeinde herrscht eine große Offenheit für diese Fragen. Aber natürlich gibt es auch innerhalb der Freikirchen immer wieder Diskussionen. Auch zum Thema Abtreibung. Ein Beispiel: Ich saß im Rat der Freikirchen und irgendjemand sagte plötzlich: „In der einen oder anderen Sache könne man Trump ja verstehen …" Daraufhin bin ich laut und wütend geworden: „Liebe Brüder, glaubt ihr wirklich einem Menschen wie Trump, dass er das Thema Abtreibung nicht als politisches Vehikel verwendet? Dass es ihm wirklich um ungeborenes Leben geht? Habt ihr euch angeschaut, mit welchen Rechtsradikalen er in einem Boot sitzt?" Daraufhin war ein Kollege sehr ergriffen: „Vielleicht sollten wir auch einmal darüber nachdenken, dass ein ehrenwerter Zweck nicht die Verbündeten heiligt." So entwickelte sich ein heftiger Diskurs und ich sagte: „Es kann einfach nicht sein. Nur Verbote vor sich herzutragen, ohne mit den betroffenen Menschen in Kontakt zu sein, ihre Verzweiflung, ihr Leid zu kennen, zu wissen, was diese Menschen oft durchmachen …

Hast du schon abgetrieben?

Nein, aber meine Mutter. Sie hat mit mir darüber gesprochen, als ich 15 Jahre alt war. Ich kam gerade von der Schule nach Hause und sagte salopp: „Abtreibung ist Mord." Daraufhin erzählte mir meine Mutter, dass sie abgetrieben hat. Das war schon ein Kernmoment für mich, wo ich merkte, dass – wenn dir eine Sache nahe ist, bei dir im Wohnzimmer sozusagen – schwarz-weiße Ansichten plötzlich durchlässig werden. Es ist ja auch in den Kirchen sehr viel Bigotterie dabei. Auf der einen Seite dürfen Frauen nicht abtreiben, auf der anderen stellt man dann jene Frauen an den Pranger, die nicht verheiratet sind und uneheliche Kinder bekommen. An diesem Punkt angekommen, erkenne ich, wie mir dieses Thema unter den Nägeln brennt. Natürlich würde auch ich gern in einer Welt leben, wo nicht abgetrieben werden muss, weil Verhütung so gut funktioniert, weil es keine Vergewaltigungen gibt. Aber solange dies nicht der Fall ist, muss es die Möglichkeit der Abtreibung geben. Kirchen sollen meiner Meinung nach Verhütungsmittel verteilen und Gelder zur Verfügung stellen für Menschen, die aus finanziellen Gründen gezwungen sind, sich für einen Abbruch zu entscheiden. Aber nicht dort urteilen, wo Sexualität passiert. Da sind wir wieder an jenem Punkt, wo die eigene Sexualität der Frau ja gar nicht erwünscht ist. Hier sind die Kirchen so weit weg von der Lebenswelt, von der Realität …

Möchtest du Kinder haben?

Ja, ich bin jetzt 37 Jahre alt und auf der Spur, auf der man mal gucken muss … und da ich auch soweit auf einem geordneten Weg bin, kann man ein kleines Ungewitter in der nächsten, überschaubaren Zeit andenken.

Gemeinsam essen, trinken und Leben teilen

Was glaubst du, wann wird die katholische Kirche Frauen zu Diakonen, Priestern und Bischöfen weihen? Wann wird es verheiratete Priester geben?

Ich bin keine Expertin für die katholische Kirche. Aber ich war selbst in einer katholischen Mädchenschule, über die ich nur Gutes sagen kann. Gerade Frauen und junge Mädchen wurden sehr gefördert. Man muss – wie bei allem – schon genauer hinschauen: Was ist denn die katholische Kirche? Natürlich ist sie auch eine Institution, die sehr stark über hierarchische Strukturen organisiert ist, trotzdem kann man nicht alles über einen Kamm scheren. Vor allem, was Ordensschwestern betrifft, wird Großartiges geleistet …

Ja. Ich denke nur an meine jüdische Großmutter, die oft und lange krank war. Sie hat immer darauf bestanden, in ein von Ordensfrauen geführtes Spital zu kommen, weil dort alle Menschen – egal welchen Glaubens – aufopfernd behandelt wurden.

Zurück zu deiner Frage, wann Frauen in der Kirche mehr präsent sein werden. Es fällt mir schwer, sie zu beantworten. Es tut sich zwar diesbezüglich viel – vor allem in Deutschland – und es deutet an einigen Stellen auf eine Öffnung hin, aber ob das die Kraft hat, diese Weltkirche – die ja sehr stark und traditionell ist – so zu erschüttern, wage ich zu bezweifeln.

Die Bibel als Richtschnur

Wie würdest du deine Glaubensgemeinschaft charakterisieren, was ist anders als bei anderen?

Es ist eine junge Gemeinde in einer alten Tradition. Der Baptismus ist 400 Jahre alt und basiert auf der Idee, dass man niemanden per Taufe zu Christinnen und Christen machen kann, sondern dass Lebenswege – auch Glaubenslebenswege – individuell sind. Dann ist natürlich die Trennung von Staat und Kirche ganz wichtig. Was auch bedeutet, dass es keine Kirchensteuern gibt. Die einzelnen Gemeinden können eigene theologische Schwerpunkte setzen, aber trotzdem gilt die Bibel als eine Art Richtschnur. Das prägt die gesamte Baptisten-Bewegung. Dies soll im Idealfall auch dazu beitragen, Spannungen besser auszuhalten.

Allerdings haben Baptisten vor allem in Amerika nicht den allerbesten Ruf.

Ja, das stimmt. Nicht nur in Amerika. Da gibt es oft schreckliche Zustände, zum Beispiel bei den „Southern Baptists", die sehr republikanisch geprägt sind, wo die Verankerung von Politik, Macht, Religion und Kirche sehr stark ist. Aber natürlich muss man die ganze Bandbreite sehen. Denn im Idealfall steht die baptistische Idee über allem. Auch in meiner Gemeinde. Es gilt die Freiheit, die Glaubens- und Gewissensfreiheit des Einzelnen. Auch bei mir im Gottesdienst sagen manche zum Beispiel, sie möchten mit der Sexualität bis in der Ehe warten. Daneben sitzen Menschen, die ihre Sexualität ganz anders und wesentlich offener leben. Hierbei geht es vor allem um den Respekt des einen gegenüber dem anderen. Aber natürlich funktioniert das nicht immer reibungslos.

Wie kannst du das beeinflussen?

Ein Beispiel ist die Trauung des homosexuellen Paares im Juni 2022. Da entstand natürlich ein Diskurs. Da war ich auch als Seelsorgerin gefordert, es geht oft um Wertvorstellungen von Menschen, die aus einer ganz anderen Generation kommen. Daher stellt sich für mich die Frage, wie gehe ich mit dieser Person um? Eine Linie aufzeigen, die nicht mit bösen Anschuldigungen überschritten werden darf, aber trotzdem auch versuchen, Verständnis zu zeigen. Es geht einfach nicht darum, nur mit Bibelstellen um sich zu werfen.

Wenn jetzt jemand auf der Suche nach Glauben, nach Halt im Leben ist und hofft, dies in einer Kirche zu finden, wie würdest du versuchen, diesen Menschen von deiner Gemeinde zu überzeugen? Warum soll er zu dir in den Ballsaal eines Hotels, der früher ein Casino war, kommen? Hier, wo du heute deine Predigten abhältst. Was wäre deine Marketingstrategie?

Was christliche Kirchen als Marketingkonzept sehen, könnte man ja auch Mission oder Missionieren nennen und das ist etwas, was mir per se missfällt, weil dieser Begriff gesamtkulturell viel mit Kolonialisierung, Macht und Unterdrückung von Menschen zu tun hat. Es gibt Sätze wie „Verbreitet das Evangelium, eine gute Nachricht, und wenn es sein muss, benutzt Worte". Oder ein Satz meiner Mutter: „Du musst niemanden mit deinem Glauben traktieren, sondern leb so, dass die Menschen dich fragen, warum du so lebst und was dich trägt und berührt." Ich würde mir bei unserer Freikirche allerdings wünschen, dass die Menschen hereinkommen, weil sie neugierig sind – mit und ohne Glauben …

… dann liegt es aber an dir, sie zu überzeugen.

Die Frage ist, wovon ich sie überzeugen möchte. Ich will ihnen sagen, dass da was dran ist, dass es Liebe und einen Anknüpfungspunkt gibt, der schön ist und den ich jedem Menschen in seinem Leben wünsche. Aber das kann und will ich für sie nicht übernehmen. Ich kann nur einen Raum des Austauschens schaffen und das „Marketingkonzept" von uns oder das, was wir glauben, ist das Wesen des Christentums – gemeinsam Essen, Trinken und Leben zu teilen. Dabei entstehen unterschiedliche Formen von Freundschaft. Nicht nur ausschließlich sonntags. Das ist jetzt natürlich kein Alleinstellungsmerkmal unserer Kirche. Über lange Zeit gehegte kleine Dinge, die man nicht befehlen kann, herauszuholen, zu fördern. Menschen zusammenzuführen, zum Beispiel gemeinsam Kunst und Kultur zu gestalten. Wichtig ist, sich auf die aktuellen Bedürfnisse einzustellen. Zum Beispiel in der heutigen Zeit, wo wir Menschen mit Fluchtbiografien helfen wollen. Wenn man bei uns ist und hoffentlich spürt, dass wir Themen ernst nehmen, aber auch offen sind. Da kann ein gutes Gespräch durchaus auch bei einem gemeinsamen Bier stattfinden. Ich glaube auch, dass Einsamkeit in Zukunft für die Gesellschaft eine Rolle spielen wird oder dies bereits tut. Kirchen als Raum der Begegnung, der Anknüpfung und Hoffnung wäre etwas, das ich mir wünschen würde.

Bist du die „Göttin dieses Ballsaales"?

Nicht wirklich. Wichtig ist mir, Menschen miteinander in Kontakt zu bringen, sie zu vernetzen. Wie schaffen wir, gerade nach Corona, Begegnungsmöglichkeiten? Daher habe ich im Sommer zum Beispiel zwei große Grillfeste organisiert. Da singen und beten wir auch gemeinsam. Es kommt auch nicht selten vor, dass ich nach einer Predigt darauf hingewiesen werde, dass wir noch Klopapier brauchen. Also alles in allem ist das recht menschlich.

Kann man auf diese Weise Kirchen wieder voll bekommen?

Schwierige Frage. Leichter wäre es immer, mit Angst zu arbeiten, ihnen zu sagen: „Hier bist du richtig, draußen bist du falsch." Aber genau das darf nicht sein. Das ist religiöse Manipulation. Ich habe mir vor Kurzem wieder einen Vortrag von Baruch de Spinoza angehört, der sich in seinem Umfeld auch christliche Kirchen ansah. Das war im Jahr 1670: „Die Leute sitzen ja alle nicht hier, weil sie glauben, sondern weil sie Angst haben." Das kann ja wohl nicht Sinn der Sache sein. Es geht um das Erleben, dass da noch etwas ist. Es geht immer darum, zu schauen, was einen positiven Dominoeffekt im Leben anderer auslöst.

Was waren die wenigsten und die meisten Menschen, vor denen du gepredigt hast?

Circa zwanzig und ungefähr tausend Menschen, das war bei einem großen Jugendtreffen in Norddeutschland.

Waren die Menschen, die dich das erste Mal im Ballsaal predigen hörten, irritiert? Brauchen Menschen Symbole? Haben sie Sehnsucht danach?

Brauchen tun sie sie vielleicht nicht unbedingt, aber die Sehnsucht ist da. Es kommt sehr auf die Vorprägung an. In der Glaubenswelt geflüchteter Menschen mit unterschiedlichem religiösen Background habe ich das Gefühl, dass diese verstärkt nach Bildern suchen. Es ist manchmal fast schon kitschig, aber verständlich. Symbole wie große Kreuze, die den Glauben sichtbar machen sollen. Im Kontext mit der Freikirche glaube ich, dass es hier eher einen „Overload" gab, dass sich die Menschen vom Katholizismus abgrenzen wollten. Zu viel an Symbolik. Viele Freikirchen haben daher oft einen sehr pragmatischen Gemeinderaum.

Unser Ballsaal hat eine sehr spezielle Stimmung und durchaus auch kirchliche Atmosphäre. Mehr zumindest als eine Multifunktionshalle. Es gibt jetzt auch vermehrt Eventkirchen. Auch im Katholischen versucht man so, wieder junge Menschen anzusprechen. Da kommt auch schon mal eine Nebelmaschine zum Einsatz.

Worauf kommt es bei einer guten Predigt an?

Vieles in meinen Predigten ist Intuition. Die Predigtlehre selbst ist – salopp gesagt – eine Art Rhetorikkurs: Wie gestalte ich eine Rede? Möchte ich lehren, informieren oder Gefühle treffen? Ich habe gelernt, mich mit biblischen Texten auseinanderzusetzen und das Wesentliche dieser Texte herauszuholen. Ich nenne dies „Exegese mit Gefühl" und versuche, das Schillern von Begriffen und Bildern zu erhalten, die oft in der deutschen Übersetzung, dem fast preußisch-strengen Denken, nicht rüberkommen wie im Griechischen oder Hebräischen. Zum Beispiel ist ein Vogel nicht nur ein Vogel, er kann auch ein Flügelwesen sein. Dieses Abstrakte versuche ich einzubringen. Biblische Texte sind jenseits ihrer Verstaubtheit doch Zeugnisse von Menschen, die vor zwei- bis siebentausend Jahren gelebt haben und die ihre Geschichten aufgeschrieben haben. Menschen, die unter dem Sternenhimmel schliefen und ganz andere Hoffnungen und Ängste hatten. Das beeindruckt und fesselt mich oft sehr, das möchte ich auch weitergeben. Es ist wie eine Zeitkapsel von früher, auf die es sich sehr wohl lohnt, draufzuschauen.

… das heißt, es gelingt dir, die Menschen dadurch zu fangen?

Was heißt fangen? Ich bin ja selbst beeindruckt. Im Idealfall bin ich selbst ergriffen und erstaunt. Wenn ich das dann in die Predigt einbauen kann, dann ist meine

Hoffnung groß, dass auch die Zuhörerinnen und Zuhörer dies ebenso empfinden.

Gott will keine Gefangenen

Bist du nicht trotzdem eine Seelenfängerin?

Nein, mit dem Wort „fangen" habe ich ein Problem. Bei „Seelenfängerin" klingt bei mir eine ungute Massendynamik mit. Ich möchte die Menschen begeistern und berühren. Ich will sie nicht fangen, ich möchte sie zu Mitreisenden machen, mit ihnen ein Stück des Weges gehen. Es gibt da den schönen Satz: „Gott hat kein Interesse an Gefangenen." Das gilt auch für mich.

Ist es in dem Medienzeitalter, in dem wir leben, leichter oder schwieriger, Menschen durch eine Predigt zu erreichen?

Ein Wandel ist spürbar. Die Aufmerksamkeitsspanne ist kürzer, das merke ich sehr wohl. Es gibt ein Überangebot, eine ständige Beschallung …

… es gibt Untersuchungen, dass bei Kindern und Jugendlichen die Aufmerksamkeitsschwelle nur mehr ein bis zwei Minuten beträgt.

Das stimmt. Ich merke das auch an mir selbst und empfinde das Internet grundsätzlich als sehr laut. Man wird ständig anagitiert und belehrt. Da kommt auch wieder mein Argwohn gegen Menschenfänger hoch, die vereinnahmen wollen und Machtgelüste haben … Fest steht, dass uns das Internet und Social Media vor neue Herausforderungen stellen, auch in der Predigt. Selbstverständlich tun sich dadurch auch neue Wege auf, die digitale Kirche spielt hier eine Rolle. Kurzpredigten. Impulse. Aber auch einfach ihr Leben teilen. Ich hab viele tolle Kolleginnen und Kollegen, die über den Pfarrberuf aufklären, über ihren Glauben reden. Menschen, die digital eine wirklich gute Arbeit leisten. Aber es ist auch einiges an frommem Quatsch zu finden. Hier merke ich auch sehr stark, dass Menschen, die mit Ängsten arbeiten und sich selbst als Lösung anbieten, ganz einfache Weltmuster stricken und oft eine erschreckende Reichweite haben.

Gibt es ein Tabuthema, über das du mit einem Hilfe suchenden Menschen nicht reden würdest?

Nein ist meine erste Antwort. Die zweite würde allerdings Ja sein. Denn manchmal muss man sich selbst fragen, ob man für dies oder jenes auch die richtige Person ist. Das ist auch die Aufgabe einer Seelsorgerin.

Wie merkst du das?

Das ist ein Bauchgefühl. Wenn ich einen krassen Widerspruch spüre, kann ich der Person auch keine gute Seelsorgerin sein. Dann stellt sich auch die Frage, in welchem Setting wir uns gerade befinden. Wenn ich als Seelsorgerin in ein Gefängnis gehe, weiß ich, was auf mich zukommen kann, und habe dabei eine spezielle Rolle.

Würdest du mit einem Massenmörder nicht reden?

Es käme darauf an. Mit dem einen vielleicht ja, mit dem anderen nicht. Nicht, dass ich nicht den Wunsch habe, mit allen Menschen zu reden, aber man muss sich auch selbst einschätzen können und sich fragen, ob man das auch kann und die richtige Person dafür ist. Dazu gehört eine professionelle Einschätzung, das ist auch eine Frage der Ausbildung und der Erfahrung. Seelsorge ist ja nicht nur, bei Kaffee und Kuchen über Gott und die Welt zur reden. Um mit Massenmördern oder Sterbenskranken zu reden, benötigt man auch eine spezielle Schulung.

Wo hört die Seelsorge einer Pastorin auf und wo fängt die Arbeit einer Psychotherapeutin an?

Dazu gibt es genaue Definitionen. Seelsorge bedeutet, Menschen, die grundsätzlich seelisch gesund sind, in einem bestimmten Lebensabschnitt zu begleiten. Liegt jedoch nachweislich eine Erkrankung vor, ein Burn-out oder eine andere psychische Erkrankung, dann bin ich als Seelsorgerin nicht mehr die Richtige und das würde meine Kapazität übersteigen.

Über den eigenen Tellerrand hinaus reisen

Du reist am liebsten mit deinem alten VW-Bus, Baujahr 1986, durch die Welt …

… naja quer durch Europa. Von Kroatien über Skagen, die spanische Atlantikküste und über die Mittelmeerküste wieder zurück ….

… und wie du sagst – „über den eigenen Tellerrand hinaus". Bist du in dieser Zeit auf Urlaub oder eine reisende Pastorin?

Ich bin auf Urlaub, trotzdem passiert es meist – was ich mir auch als Pastorin wünsche –, dass Menschen auf mich zukommen, mich fragen und neugierig sind. Und dadurch, dass ich erzähle, was ich tue, geht oft eine Tür auf, die sich sonst vielleicht nicht öffnen würde. Dann entstehen meist Gespräche aller Art – vom Seelsorgegespräch bis zum sogenannten Missionsbefehl …

Wie bitte, was ist ein Missionsbefehl?

Das ist ein Ausdruck von Matthäus, in jener Stelle des Evangeliums, wo Jesus wiederkommt und sagt: „Geht hinaus in die Welt und sagt, machet zu Schülern alle Völker … und lehrt sie, was ich euch beigebracht habe. Seid gewiss: Ich bin alle Tage bei euch, bis zum Ende der Welt. “ Soweit die etwas verkürzte Version. Für mich bedeutet das, Menschen im Idealfall neue Perspektiven aufs Leben geben zu können.

Spürst du sehr viel Respekt dir gegenüber?

In diesem sogenannten „Camping-Setting“, wenn ich mit dem VW-Bus unterwegs bin, ist das anfangs ja gar niemandem bekannt. Ich gehe ja dort nicht als Pastorin gekleidet herum. Man lacht miteinander, dann wird das Gespräch manchmal ernster. Oder auch nicht. Leichter ins Gespräch zu kommen ist es, weil ich eine Pastorin bin. Ich glaube schon, dass die Hemmschwelle bei den Menschen niedriger ist, sich mir als junger Frau und Geistlicher zu öffnen …

Vielleicht ist es auch deine rheinländische Art …

Ja, das spielt sicherlich auch eine Rolle. Ich mache nichts, um etwas zu erreichen, und glaube, Menschen haben ein gutes Gespür für das Authentische. Um es mit Goethe zu sagen: „Man spürt die Intention und ist verstimmt.“

Unterwegs zu sein, zu reisen, ist also wichtig in deinem Leben.

Absolut. Immer eine Bereicherung. Egal, ob in meinem VW-Bus, auf der „Route 66“ oder beim Backpacking durch Brasilien, mein Glaube wurde dadurch stets verstärkt. Gerade dadurch, dass es immer wieder neue Situationen waren, denen ich begegnet bin, entpuppte sich nicht nur mein Horizont, sondern auch mein Glaube als Motor.

Je mehr du gereist bist, desto runder ist dein Glaubens-Motor gelaufen – kann man das so sagen?

Ja, dieses Bild passt gut.

Was waren auf deinen Reisen die bewegendsten, beeindruckendsten Momente?

Ein wundervoller Moment war jener, als ich auf einer 36-stündigen Busreise durch Brasilien allein unterwegs war, aus dem Fenster sah, die Kaffeeplantagen zogen an mir vorbei, mein Handy ging nicht mehr und ich wusste in diesem Moment: Niemand weiß, wo ich gerade bin. Ich war völlig allein, völlig unabhängig – das war ein großartiger Moment für mich. Ich war damals von der Größe eines Moments erfasst, eines Gottes-Moments. Oder allein auf einer winzig kleinen Insel unter einem herrlichen Sternenhimmel in einer Strandbar zu sitzen und Sängerinnen zuzuhören, die wie Janis Joplin klingen. Das sind unvergessliche Stimmungen und Momente.

Sind das Momente, die auch deinen Glauben stärken?

Ja. Der Glaube ist immer da, auch im Zweifel. Der Zweifel ist ja eine Auseinandersetzung mit dem Glauben. Daher kann ich sagen, dass Glaube oder, besser gesagt, Gottvertrauen Teil meiner Identität ist.

Du arbeitest in einem patriarchal dominierten Beruf, ist das schwierig oder auch eine Chance?

Beides. Heute sehe ich es vor allem als Bereicherung und Chance an, weil ich dadurch die Möglichkeit habe, nicht in eine Schablone zu schlüpfen, sondern eine neue schaffen und auch annehmen kann. Selbstverständlich gibt es starke Frauen, die durchaus Vorbilder oder, wenn man so will, Role Models für mich waren. Aber, ja, in diesem patriarchalen System gibt es immer wieder Situationen, die sehr anstrengend sein können.

Dahinsegeln auf wohligen Glaubenswellen

Die Bestsellerautorin Dörte Hansen lässt in ihrem Buch „Zur See" den Inselpastor sagen: „Seit man meine Seelensnacks als Ausflugstipps anpreist, habe ich mehr Besucher." Ist das auch das Geheimnis für deinen außergewöhnlichen Zugang? Versprichst auch du Seelensnacks als Abhilfe für „Seelenhungertage"?

Ich verspreche nichts, was ich nicht halten kann. „Seelensnacks" zu verteilen würde ja bedeuten, dass es mir obliegt, göttliches Empfinden zu verteilen. Das kann ich aber nicht. Das wäre ja fast ein magisches Verständnis von Gott. Ich kann keine Gottes-Momente kreieren. Aber natürlich kann es so sein, dass Menschen in Kirchen geistige Nahrung erhalten – ob man das nun als Snack bezeichnet oder als gute, kräftige „Schwarzbrot-Predigt", wie man das bei uns nennt.

Gott wie Bitcoins verkaufen

Gibt es eine Predigt, die du gehört hast und die dich begeistert und mitgerissen hat?

Ich mag nicht, wenn Menschen gekünstelt über YouTube auftreten. So wie man Bitcoins verkauft und dann auch versucht, auf ähnliche Weise Gott zu verkaufen. Wenn ich eine Rhetorikschulung spüre, bin ich schon verstimmt. Aber natürlich gibt es Menschen, die ein besonderes Charisma, die besondere Tiefe haben. Das Laute berührt mich selten, das sind schon eher Kolleginnen wie zum Beispiel Christina Brudereck. Sie ist eine evangelische Theologin, die eine sehr lyrische Art hat, etwas zu sagen. Sanft, klug, pointiert und sehr exegetisch. Sie arbeitet an Bibeltexten und versucht, sie in unsere moderne Zeit zu transportieren und ein Gefühl dafür zu vermitteln. Mir geht es darum, Gott auch mit dem Verstand lieben zu können. Auch Plattformen wie „Worthaus", auf denen theologische Vorträge abrufbar sind, kann ich besten Wissens empfehlen. Es ist wirklich spannend, was die Theologie zu bieten hat.

Ist die Predigt heute noch der richtige Weg, um die Menschen zu erreichen? Wodurch unterscheiden sich deine Predigten von konventionellen?

Die Predigt funktioniert noch, aber man muss sie auch neu denken. Mir ist wichtig, dass ich meine Predigten selbst bestimmen kann. Manchmal versuche ich, einen sehr persönlichen Zugang zu finden, manchmal sind es aktuelle

Themen, wie zum Beispiel der Krieg in der Ukraine. Ich bemühe mich, exegetisch zu arbeiten, das heißt, ich habe einen Bibelvers und schaue mir ganz genau an, was der historische Kontext dahinter ist. Ich versuche, das Überraschende in einem dieser Texte herauszuholen und manchmal auch, daraus eine Geschichte zu erzählen. Und biblische Personen, die oft einen historischen Kern haben, von damals ins Heute zu holen.

Was sind spontan jene Begriffe im Leben, die dir am wichtigsten sind?

Freiheit, Liebe, Sicherheit – auch wenn ich mir das nicht immer gern eingestehe. Heute vermute ich sogar, dass ich meine Freiheit, vor allem als jüngere Frau, der Sicherheit zu verdanken habe. Früher dachte ich, dass Freiheit nur ohne Sicherheit möglich ist. Neugier, Vertrauen und ein bisschen Weißwein schaden ja auch nicht.

Welche Dinge verabscheust du bei Menschen?

Verabscheuen ist ein hartes Wort. Ich kann Dinge nicht mögen – aber mit ein wenig Abstand versuche ich, es trotzdem zu verstehen. Tiefe Abscheu empfand ich, als der Krieg in der Ukraine begann und natürlich ist es dann leicht, Putin und alle Diktatoren dieser Welt zu verabscheuen. Aber fast noch grauenhafter finde ich es, dass es Menschen gibt, die dies als richtig empfinden und geradezu als Freibrief betrachten, um mitzumachen. Söldner zum Beispiel. Jene Menschen, die, ohne an die Sache zu glauben, nur um des Tötens und Vergewaltigens willen mitmachen. Das empfinde ich wirklich als Gräuel. Genauso wie Menschenhändler, die an den Bahnhöfen standen, um den geflüchteten Frauen unter falschen Hilfsversprechen Schlimmes anzutun.

Was sind die Verhaltensmuster im Alltag, die dich zumindest befremden?

Geiz, mutwillige Bösartigkeit und letzten Endes Machtmissbrauch. Obwohl niemand davor gefeit ist, das muss man ehrlicherweise zugeben. Im Kern des Wesens kann in jedem von uns etwas davon drinnen sein.

Die Kirche als Wohnzimmer

Was bewegt eine junge, weltoffene Frau wie dich dazu, Pastorin zu werden?

„Allein die Erfahrung macht die Theologie." Natürlich ist meine Berufung in meiner Biografie verankert. Auch mein Glaube. Jener meiner Mutter. Mein Vater war ja lange Agnostiker, das heißt, ich bin zwischen diesen beiden Polen groß geworden, war auf einer katholischen Mädchenschule, weil meine Eltern wollten, dass ich auch anderes, nicht nur die Freikirche, kennenlerne. Nach dem Abitur wollte ich kurzfristig etwas Christlich-Soziales machen und ging auf ein Schiff nach Honduras, um dort Menschen zu helfen, die in schwer erreichbaren Gebieten lebten. Ich war für die Essensausgabe und das Tellerspülen verantwortlich. Das Ganze war eine Art „Ärzte ohne Grenzen in fromm". Ich sehe das heute etwas kritischer, denn diese Art missionarischer Hilfe kann schnell eine Art „positiven" oder, besser gesagt, gut gemeinten Kolonialismus in sich tragen. Auch wenn hier vielen Menschen geholfen wurde.

Danach ging ich noch ein halbes Jahr nach Brasilien … Als ich zurückkam, begann ich mit der Jugendarbeit in einer Kirchengemeinde. Auch wenn ich als Kind immer gern in die Kirche gegangen bin, konnte ich mir die Kirche als Berufsort nicht vorstellen. Es war immer so eine Art

Wohnzimmer für mich, in das ich gern gegangen bin – irgendwie so, als würde ich meine Oma besuchen. Es gab mir Sicherheit, aber es war mir einfach nicht cool genug.

Zu diesem Zeitpunkt wollte ich in den Bereich Eventmanagement gehen – vor allem, weil ich gern gefeiert habe. Ich dachte völlig naiv, dies wäre doch ein idealer Job für mich. Doch es war dann die Arbeit mit einer Jugendreferentin, die mich zur Theologie brachte. Ich war immer schon theologisch interessiert und in der Schule sehr Bibel-fit. Von einem Moment zum anderen wusste ich: Ich studiere Theologie. Drei Tage später hab ich mich in mein Auto gesetzt, bin an der Uni Bonn gelandet und habe das Studium bereits damals mit dem Gedanken gestartet, Pastorin zu werden.

Glaubst du, dass sich dir die Menschen anders nähern, weil du ein Kollar trägst. Anders, als wenn du in Jeans und T-Shirt predigst?

Ja, das macht einen Unterschied. Vor allem bei einer Person, die man mit diesen „Insignien“ nicht in Verbindung bringt. Denn das Kollar-Hemd ist ja eigentlich die Freizeitkleidung von Priestern, und wenn die Menschen mich so sehen, erstaunt es sie zumindest oder macht sie vielleicht auch neugierig. Wenn ich predige, trage ich dieses Kollar jedoch nicht, weil ich ein Teil der Gemeinde sein möchte und nicht durch meine Kleidung eine Barriere schaffen will. Aber ich merke auch, dass ich mir als Frau und Pastorin mehr Respekt verschaffen muss und da hilft es. Kleider machen Leute – das kann man zwar belächeln, aber es ist generell spannend, zu bemerken, was Kleidung aus und mit Menschen macht. Und natürlich ändern sich mit der Kleidung auch die Möglichkeiten, einen Standpunkt zu verdeutlichen.

Lass uns über Integrationsarbeit, den Umgang und das Einbinden von Flüchtlingen in unsere Gesellschaft sprechen.

Wir in unserer Gemeinschaft versuchen es vor allem dadurch, dass wir verstärkt den Kontakt zu diesen Menschen suchen beziehungsweise sie auf uns zukommen. Durch gemeinsames Essen und Trinken, Einladungen zu „Coffee & Conversation", wo wir einander näherkommen. Ohne daraus eine Bibelstunde zu machen. Aber auch das ist möglich und oft auch gewollt. Es gelingt trotzdem manchmal leichter, über den Glauben oder die Religion einen Weg zueinander zu finden. Aber vorrangig geht es um ganz einfache Gesprächsthemen, die Menschen zu öffnen, sie reden zu lassen.

In kirchlichen Kreisen gibt es ja viele Menschen, die aus tiefer Überzeugung helfen, aber es gibt auch solche, die mit Flüchtlingen und dieser Problematik nicht gut umgehen können. Wie siehst du das?

Hilfe kann natürlich auf ganz verschiedene Weise geleistet werden. Jeder macht das auf seine Weise. Sie kann durch Zeit, durch Aufwendungen oder monetäre Zuwendungen erfolgen. Die Frage ist immer: Wie viel Kapazitäten hat man für Hilfe? Grundsätzlich glaube ich, dass die meisten Menschen gern helfen. Nicht nur jene, die in sozialen Berufen tätig sind, sondern es ist den meisten Menschen grundsätzlich lieber, zu helfen, als dass ihnen selbst geholfen wird. Durch Helfen bekommt der Einzelne ja fast eine Art Macht oder, besser gesagt, einen Mehrwert. Ganz frei ist niemand davon, weil es einfach ein gutes Gefühl vermittelt, wenn man hilft. Man klopft sich quasi selbst auf die Schulter. Das gilt es dann – auch für mich – immer wieder richtig einzuordnen. Wobei ich die Tugend der Hilfe nicht schmälern möchte. Und ich mache häufig die Erfahrung, dass

Menschen, die selber kaum was haben, dennoch helfen und geben wollen. Ich glaube, dass die wenigsten Menschen wollen, dass man Mitleid mit ihnen hat. Was durchaus verständlich ist. Mitleid kann sich ja auch wie etwas von oben herab anfühlen. Gut gemeint ist nicht immer gleich auch gut. Das finde ich fast schon schade, denn ich halte es für eine menschliche Tugend, mit jemandem zu leiden. Natürlich kann man nicht mit allen Menschen mitleiden. Es gibt den Begriff der „hilflosen Helfer", die aus der Spirale des Helfens nicht mehr herauskommen und dann selbst Hilfe benötigen. Auch bei der Hilfe sind Grenzen gesetzt. Ich habe dabei Menschen vor Augen, deren selbstlose Hilfsbereitschaft ins Burn-out führte.

Was treibt Menschen zur Hilfe an?

Ich glaube, dass betroffen zu sein ein Motor sein kann. Auch wenn es um einen selbst geht, weil man zum Beispiel mit einer Krebserkrankung konfrontiert wird und dann selbst in der Krebshilfe tätig wird. Man kann sich natürlich auch bereits vorher von etwas betroffen machen lassen, sodass man beginnt, sich für eine Sache besonders einzusetzen und dort zu helfen. Man erkennt seine Natur und Stärken und fokussiert dorthin die Kraft. Der Motor zur Hilfe sollte immer die Überzeugung sein.

Wie erklärst du Menschen, die großes Leid erfahren, wo Gott in diesem Moment gerade ist? Warum er nicht hilft?

Diese Fragen findet man schon in der Bibel. Man kennt diese Hiobsbotschaften. Das nimmt die altisraelitische Weisheit bereits auf. Da ist erst einmal die Frage, wie ich Menschen, die Leid erfahren, begegne. Da kann man oft nur mit-leiden und man versucht, mit Hilfe – soweit es geht – auch Leid zu lindern. Da sehe ich schon ein wenig impliziert, dass Gott dann da mitwirkt. Das lässt sich natürlich nicht immer so vermitteln. Dann ist die Frage, welche Vorstellung ich von Gott habe. Wenn man ausschließlich das Bild hat, dass Gott ein allmächtiger Retter ist, der am laufenden Band in das Weltgeschehen eingreift, dann sollte man als Erstes dieses Bild infrage stellen. Auch der Gott, der aus dem Judentum im Christentum entsteht, ist einer, der mitleidet. Es ist zwar keine allumfassende, befriedigende Antwort, dass ich, wenn ich gerade leide, daran denke, dass andere auch leiden. Aber es entsteht ein Bild von einem leidenden, mitweinenden Gott. Natürlich fände auch ich es schöner, wenn ein Eingreifen käme, damit dieses Leid endet. Aber es hat – zumindest für mich – etwas Tröstendes, in einer tröstenden Leidensgemeinschaft zu sein. Da ist dieser Karfreitagsgedanke, danach die Auferstehung, die uns hoffen lässt, dass es dann wieder besser wird. Nicht zuletzt gibt es eine Jenseitshoffnung – auf die man nicht immer vertrösten soll, aber es gibt für mich den Trost aus dem Jenseits, dass da noch etwas ist. Selbstverständlich hadere aber auch ich – beim frühen Tod meiner Mutter – damit, aber erstaunlicherweise habe ich kein Ungerechtigkeitsgefühl. Ich habe in dieser Zeit Dinge erfahren, die mir Mut gemacht haben. Wie kleine Lichter, die da und dort angehen, wo Hoffnung ist und Dinge zusammenkommen, wo es zu neuen Begegnungen kommt, die eigene Sensibilität dafür geschärft wird. Oft geben Menschen in schwierigen Situationen Hoffnung und erhalten genau dadurch selbst wieder Hoffnung.

Ist nicht die Erwartungshaltung für Hilfe an eine Pastorin eine größere?

Auch das ist ein Beziehungsgeschehen. Ich habe diese Rolle und komme gerade dadurch mit Menschen anders ins Gespräch. Ab jenem Moment, in dem mein Gegenüber weiß, dass ich Pastorin bin, entsteht eine neue Gesprächsebene. Von jetzt auf gleich verfällt man dann in ein tiefsinnigeres Gespräch. Die Rolle der Pastorin, die ja Teil meiner Identität ist, ist auch ein Faktor einer Beziehung, wo ein anderer freiwillig beschließt, mir dieses Vorschussvertrauen zu geben. Damit kann ich in dieser Rolle auch anders helfen. Aber nicht, weil ich sage, ich kann es, sondern weil mein Gegenüber beschlossen hat, sich zu öffnen.

Gibt es Momente, in denen du an deinem Glauben auch zweifelst? Könntest du dir vorstellen, ohne diesen Glauben zu leben?

Nein, ich kann mir nicht vorstellen, ohne Glauben zu leben. Aber das heißt nicht, dass es mir nicht passieren kann. Der Glaube verändert sich ständig – wie ein Tropfen Tinte, der ins Wasser fällt und dann die verschiedensten Formen und Bilder annimmt. Daher ist er manchmal präsenter, manchmal weniger. Manchmal ist es fast ein mystisches Gefühl, manchmal weniger stark. Wenn man das akzeptiert, kann man damit auch besser leben. Wie am Anfang, wenn man sehr verliebt ist und dann erkennt, dass dieses Gefühl nicht immer so gewaltig bleibt. Wenn man Verliebtsein für Liebe hält, kann man sehr tief fallen. Das ist beim Glauben ähnlich. Wenn man den Glauben als Euphorie einschätzt, der man ständig hinterherläuft, bekommt man sicherlich ein Problem. Und ja, man kann Glauben auch verlieren – da gibt es den schönen Song von Sting „If I ever lose my faith in you" … Aber trotzdem glaube ich, immer im Kontakt mit dem Glauben zu bleiben. Eventuell auch in einer anderen Form. Glaube kann auch erschüttert werden. Eine Definition von Religion kommt ja von „religare", sich an etwas Ursprüngliches zurückbinden. Ich empfinde es nicht als ein Dahinsegeln auf wohligen Glaubenswellen. Aber die Rückbindung an etwas Ewiges trägt mich.

Weil wir gerade bei den Wellen sind: Ist eine surfende Pastorin genauso glaubwürdig wie ein konventioneller Pfarrer? Hast du Skepsis dir gegenüber erlebt?

Mir begegnet immer wieder auch Skepsis, aber ich glaube, das hat wenig mit dem Surfen zu tun. Aber ich glaube schon, dass meine theologische Kompetenz gelegentlich unterschätzt wird. Damit kann ich aber gut leben. Allgemein empfinde ich es jedoch so, dass meine unkonventionelle Art eher Türen zu Menschen öffnet.

Feiern, das Leben zelebrieren, ist für manche Gläubige moralisch fragwürdig. Kakao und Kamillentee zu trinken, Häkeln und Blockflöte blasen scheint ihnen wichtiger zu sein als die Freude des Feierns. Dabei bezeichnete Jesus Gott als Weinstock, wurde als Fresser und Säufer beschimpft, der sich mit zwielichtigen Figuren an den Tisch setzte. Wie stehst du dazu? Feierst du gern?

Absolut. Du hast ja deine Frage bereits selbst beantwortet. Ich habe schon immer gern gefeiert und habe nie einen Widerspruch darin gesehen. Natürlich muss man dabei auch das Wort feiern definieren. Sind das Weihnachts- oder Familienfeiern oder auch Feiern als ekstatisches Erlebnis? Auch das finde ich spannend und kann es durchaus auch als gottesdienstlich empfinden.

Verbotskultur, die freud- und leibesfeindlich ist

Das gibt's aber nicht oft in der Kirche, oder?

Ja, Kirchen tun sich dabei sehr schwer. Da gibt es diese Verbotskultur, die sehr freuden- und leibesfeindlich ist, das haben die Kirchen in den letzten Jahrtausenden kultiviert.

Für mich war das immer anders, sowohl aus meinem Wesen heraus, aber auch durch das jesuanische Vorbild. Das erste Wunder im Johannes-Evangelium war nicht die große Heilung, sondern Wasser in Wein zu verwandeln. Auch im Alten Testament ist die Rede von einem großen Fest mit fetten Speisen und viel Wein. Daher: Kirchen müssen mehr feiern und keine Geschichte beginnt mit Früchtetee …

Wenn göttliche Momente aufploppen

Was machst du, wenn du richtig übermütig sein willst?

Ich weiß nicht, ob Übermut etwas ist, das man praktizieren kann. Ich weiß aber, was ich tue, wenn ich mich übermütig fühle. Ich setze mich zum Beispiel in meinen VW-Bus und fahre los. Oder ich gehe einfach drauflos und schaue, was passiert.

„Das Leben vieler Menschen ist nur eine Reihe von Proben für eine Aufführung, die nicht stattfinden wird", meint der leider ziemlich unbekannte Dichter und Avantgardist Andreas Okopenko. Wie versuchst du, Menschen vom Leben zu überzeugen?

Ich weiß nicht, ob man das mit Worten machen kann. Ich glaube, dass sich das nicht durch gute Ratschläge ändert, sondern durch eine Vorbildwirkung. So kann man Menschen, die bereits etwas in sich spüren, motivieren, es auch wirklich zu machen. Also weniger überzeugen denn ermutigen, etwas zu tun, das sie sich sonst nicht erlauben würden.

Der Glaube an den Vater im Himmel deiner Großmutter hinterließ bei dir einen tiefen Eindruck. Obwohl sie manchmal auch furchteinflößend war, wenn sie zum Beispiel von einem strafenden Gott sprach und vor ziemlich allem Neuen warnte. Wie hat das dein junges Leben geprägt?

Furchteinflößend ist vielleicht zu viel gesagt. Meine Oma hat unter diesem Gottesbild eines strafenden Gottes sich selbst mehr Angst gemacht als anderen. Für mich war es eher so wie einer Gruselgeschichte zuzuhören, von der man aber weiß, dass sie ausgedacht ist. Das hat mich zwar beeinflusst, aber gleichzeitig war sie nicht so eine starke Autorität wie meine Mutter. Hätte sie das getan, wäre das schlimmer gewesen. Ich habe gemerkt, dass meine Mutter darunter gelitten haben dürfte, aber für mich war dieses Bild zu abstrakt. Ich habe mich bereits damals darüber hinweggesetzt. Gleichzeitig war meine Oma sehr großzügig und auch vom Krieg geprägt. Wir Enkel sollten es besser haben. Sie hätte jederzeit verzichtet, um uns etwas möglich zu machen. Auch das war Teil ihres Glaubens.

Während der Pandemie ist das Leben aus dem Tritt geraten, völlig anders geworden. Die Zeit wurde für viele angenehmer als früher, man konnte die Tage langsam kommen lassen … Im Pyjama bleiben und oft einfach nichts tun. Der Lockdown wurde auch zu einer Zeit der Besinnung. Und manche haben die Schönheit des Alltags, den Zauber der Entschleunigung wiederentdeckt.

Das Alleinsein in der Gemeinschaft genießen

Diese Aussage sollte man nicht pauschal treffen, weil ja nicht allen in der Pandemie gegönnt war, im Schlafanzug kreativ tätig zu sein. Gerade bei Familien mit kleinen Kindern, mit Homeoffice und Homeschooling war das wirklich anders. Ich habe zu den Privilegierten gezählt, die entschleunigt wurden, hatte ein Gefühl enormer Freiheit. Vor allem die ersten Wochen fühlten sich wie kollektive Hitzeferien an. Mir hat das sehr geholfen, aber ich durfte durch meine Gemeinde auch in einem Umfeld mit Studenten leben, wo es jeden Abend gegen 18 Uhr irgendwo ein Balkonkonzert gab. Ich war nicht vollkommen isoliert und konnte das Alleinsein in der Gemeinschaft genießen. Ich hoffe, dass es trotzdem vielen Menschen gelang, zumindest ab und zu einen Moment von diesem Gefühl zu erhaschen. Gleichzeitig war da aber natürlich auch eine Angst, Betroffenheit. Die unzähligen Toten. Und auch nicht zu wissen, wann und wie es weitergeht. Für mich war es ein ständiges Auf und Ab. Ich hoffe, dass man aus der Pandemie auch gelernt hat, flexibler zu sein, zu erkennen, dass die Welt nicht untergeht – auch wenn einmal etwas ausfällt.

Beim unkonventionellen Festival „Burning Church", das du mitinitiiert hast, wird viel diskutiert, was ist schlecht in der Kirche, dass es verbrannt werden muss. Man spricht über Ängste, Zweifel und Glaubenskrisen. Was lässt euch zweifeln?

Ich habe in den letzten Jahren die Erfahrung gemacht, dass es gerade in den Glaubenskreisen, aus denen ich komme, eine große Gruppe von Menschen gibt, die nicht nur Gott, sondern vor allem Strukturen hinterfragen. Lebensmuster, mit denen sie groß geworden sind und die sie geprägt haben. Daran waren Vorstellungen und Versprechungen geknüpft. „Dekonstruktion" ist zum Beispiel ein wichtiger Begriff. Denn es gibt viele Menschen, die vor dem Scherbenhaufen ihres Glaubens stehen. Sie spüren zwar ein Gottvertrauen, können aber mit der Engstirnigkeit des Systems nicht mehr leben oder brauchen wiederum ganz andere Rituale, von denen sie gar nicht wussten, dass es sie gibt. Die Digitalisierung ermöglicht hier eine rasche Vernetzung und dieses einwöchige Festival zeigt allen, dass wir mit unseren Ängsten und Sorgen nicht allein sind. Es entsteht wieder etwas Positives, eine Rekonstruktion. Der Name ist übrigens auch vom „Burning Man"-Festival abgeleitet, verbunden mit der Idee, in der Wüste etwas Neues entstehen zu lassen.

Manche Menschen meinen, man sollte die Worte von Jesus wie ein Kind lesen – nicht intellektuell, nicht mit dem Gehirn, sondern mit dem Herzen.

Ich weiß nicht, wie man das voneinander trennen soll. Die Worte Jesu sind nicht nur seichte Kindergeschichten. Vielleicht kann es helfen, sehr unvoreingenommen – kindlich rein – zu lesen. Aber es hilft sehr wohl, den Verstand einzusetzen. Theologie bedeutet auch, Gott mit dem Verstand zu lieben. Aber ich möchte das nicht gegeneinander ausspielen. Ich glaube, dass kindliche Erinnerungen sehr prägend sein können. Dass das, was einem als Kind als spirituell oder Gotteserfahrung begegnet ist, sowohl im Positiven als auch im Negativen sehr wichtig ist. Dieser kindliche Zugang kann helfen. Aber mich als Erwachsener hinzusetzen und in der Bibel wie ein Kind zu lesen, das geht nicht. Vielleicht sollte man öfter wie ein Kind beten, voller Hoffnung. Neugierig sein wie ein Kind, das sich über ein Geschenk freut. Aber lass mich dich fragen: Du bist mit einem jüdischen Vater und einer evangelischen Mutter aufgewachsen, wie hat das denn dich geprägt?

Insofern, als ich bis heute nicht genau weiß, wohin ich gehöre. Das empfinde ich zwar nicht als negativ, aber eine gewisse Heimatlosigkeit ist spürbar. Ich glaube, dass ein gläubiger Mensch, egal welcher Konfession, wenn er zum Beispiel in die Kirche oder Synagoge geht, eine Art Vereinszugehörigkeit hat. Das heißt, du triffst dort Menschen, mit denen du gemeinsam an eine Sache glaubst. Sei es Gott oder ein Fußballverein. Das gibt den Menschen eine Art Sicherheit im Leben. Dieses Gefühl fehlt mir manchmal, aber bis jetzt habe ich mein Leben ganz gut gemeistert … Ja, ich beneide Menschen, die diesen zusätzlichen Halt durch eine Religionsgemein-

schaft haben. Vor allem in Zeiten, in denen es einem schlecht geht, kann das sehr helfen.

Und zu welchem Glauben hast du dich eher hingezogen gefühlt?

Da meine Mutter Vollwaise war und als 16-Jährige allein von Berlin nach Wien geschickt wurde, war mir ihr ursprüngliches Umfeld, ihr Glaube und ihr evangelisches Weltbild nie so nahe wie auf der anderen Seite die Familie meines Vaters. Daher habe ich viel mehr Zeit bei meiner jüdischen Großmutter verbracht und bin vom christlichen Glauben und dem helvetischen Protestantismus viel weiter entfernt.

Ich habe eine große Faszination für das Judentum in seiner tiefen Verwurzelung, auch deshalb, weil man dort noch eine viel stärkere Zugehörigkeit hat. Inwiefern hat für dich das jüdische Leben eine Rolle gespielt?

Insofern, als ich mich dort wohl, geborgen und zu Hause gefühlt habe und es ein Familienverbund war, in dessen Gemeinschaft man zusammengesessen ist und gefeiert hat – zumindest an den hohen Feiertagen. Meine Großmutter war nicht streng-, aber doch gläubig, mein Vater war ein strikter Agnostiker und hat weder an Gott geglaubt, noch die jüdischen Traditionen ernst genommen. Das hat es für mich nicht einfacher gemacht.

Fühlst du in dir, in deiner Persönlichkeit, mehr deinen Vater oder deine Mutter?

Es ist ein Teil von beiden. Ich merke an mir, je älter ich werde, wie ich von Jahr zu Jahr stärker von beiden Seiten Wesenszüge in mir finde – positive und negative. Ich möchte es mit Heimito von Doderer formulieren: „Jeder bekommt seine Kindheit über den Kopf gestülpt wie einen Eimer. Später erst zeigt sich, was darin war. Aber ein ganzes Leben lang rinnt das an uns herunter, da mag einer die Kleider oder auch Kostüme wechseln, wie er will." Doch zurück zu dir: Als junges Mädchen bist du am Sonntagmorgen direkt vom Club in die Kirche gegangen. Todmüde, mit den Tanzschuhen in der Hand. Inzwischen fühlst du dich bei der Predigt genauso wohl wie auf deinem Surfbrett …

Ja. Ich mochte diese Club-Welt, wollte diese Subkultur ausprobieren. Habe dabei aber auch gemerkt, dass man sich darin verlieren kann. So, wie man sich in Religionen oder Fundamentalismus verlieren kann. Mir war stets wichtig, beides zu leben. Draußen das laute Leben feiern und mir von der Kirche die Ruhe und das Substanzielle holen. Ich habe mich immer dagegen gewehrt, dass nicht beides möglich sein soll.

Feiern als eine Art Lebensschule

Das heißt, du hast schon als junges Mädchen versucht, beides zu verbinden. Davon gibt es in der Kirche aber nicht viele?

Die würden auch nicht hier sitzen. Mutter war ähnlich. Sie hat das allerdings in den 1960er- und 1970er-Jahren gelebt. Nur, für sie war das ein größerer Kampf. Denn wenn sie damals auf ein Rolling-Stones-Konzert ging, wurden zu Hause alle ohnmächtig. Mir hat immer gefallen, dass ich in den Clubs anders wahrgenommen wurde als in der Schule oder zu Hause. Dort war ich weder Tochter noch Schülerin. Das hat mir gefallen. Man hat viel geredet, Dummes und Lustiges, es wurde geflirtet, es war bunt und verrückt. Feiern als eine Art Lebensschule. Und ich habe dort mehr mit Menschen auch über Glauben gesprochen als andere, die nur in Kirchen sitzen. Ich verstand nicht, dass die Kirche das alles nicht gutheißen sollte. Ich habe jedenfalls beides gebraucht und mir auch beides genommen.

„Machen Sie sich frei, sagt das Leben. Ganz, fragt der Mensch? Ganz, sagt das Leben", schreibt der Dichter Werner Schwab, der Sohn einer tiefreligiösen Mutter. Könnte man das als dein Lebensmotto bezeichnen?

Es ist für mich zumindest der Versuch eines Lebensmottos. Die erste biblische Sentenz aus der Genesis, die mir dazu einfällt, endet mit dem Satz aus der ersten Schöpfungserzählung: „ … sie sind nackt und schämten sich nicht." Ich versuche, so gut es geht, das Leben in der Schönheit und Traurigkeit an mich heranzulassen und das auch in meiner Arbeit als Pastorin wieder an Menschen weiterzugeben. Wie eine Sanduhr, die man umdreht. Für mich ist ganz wichtig, authentisch zu sein, auch mit den Brüchen im Leben. Immer das Ganze nehmen. Auch wenn ich merke, dass man im Alter ein bisschen vorsichtiger wird. Aber auch schmerzfreier, mit weniger Ängsten.

Zu Beginn deiner Zeit als Pastorin war dir das Müllabladen auf dem Mistplatz und das Entsorgen von Hunderten Flaschen Bier mit dem Bild eines Augustinermönches lieber als das Predigen. Seit wann gab es einen Wandel?

Irgendwann schmeißt die Adlermutter ihre Kinder aus dem Nest und dann müssen sie fliegen …Das kam mit dem Predigen-Müssen. Da steht man plötzlich da und soll das Wort Gottes verkündigen. Das nimmt nicht gerade den Druck, da vorne zu stehen. Man gibt ja auch etwas von sich selbst her …

… und ist nicht gerade das wichtig, dass es sehr persönlich ist?

Ja, Plattitüden abzuspielen, funktioniert nicht. Man kann auch nicht immer nur persönlich sein, das ist nicht glaubwürdig. Wenn ich jetzt nach dem Tod meiner Mutter über Trauer spreche, ist es etwas anderes als davor, wenn man Trauer nur als theoretisches Thema hat. Vielleicht macht mich auch der Tod meiner Mutter zu einer besseren Pastorin. Natürlich predigt man sich selbst immer mit … so geht es wohl auch Künstlerinnen und Künstlern, wenn man zum Beispiel ein Buch veröffentlicht oder Bilder in einer Ausstellung zeigt. Und jede Predigt ist – wie bei jedem Schauspiel – auch immer ein Dialog mit dem Publikum.

Wie gehst du mit Streit, mit Konflikten, mit Krisenstimmungen um?

Bei Streit und Konflikten, das ist für mich etwas anderes als Krisen, bei Menschen, die mir nicht nahe sind, streite ich gern. Da kann ich auch einen enormen Kampfgeist entwickeln. Wenn ich von etwas überzeugt bin, dann gehe ich auch durch, selbst wenn es dabei so manche dunkle Stunde gibt. Ich nenne das „heilige Wut". Was ich hingegen überhaupt nicht gut kann, ist Streit in Beziehungen oder mit Menschen, die ich mag. Es gibt Paare, für die Streit eine positive Reibung ist, für mich ist das nicht so. Auch wenn es surreal ist, schwingt eine Angst vor einem Beziehungs- oder Freundschaftsabbruch mit. Daran arbeite ich, hier konfliktfähiger zu werden. Aber grundsätzlich bin ich sehr harmoniebedürftig.

Das heißt, du gehst in den Konflikt erst gar nicht hinein?

Ich habe sicherlich eine lange Zündschnur, sprich eine hohe Toleranzgrenze, und gehe auch viele Kompromisse mit, aber irgendwann ist ein Punkt erreicht, an dem ich sage: Jetzt ist Schluss!

Musst du als Seelsorgerin nicht manchmal an deine Grenzen gehen, wenn du mitleidest und mitfühlst? Wenn du zuhörst, Mut machst und gemeinsam mit verzweifelten Menschen Wege aus einer Lebenskrise suchst?

Ja. Wobei ich finde, dass ich bei schweren Lebenskrisen, bei handfesten Schwierigkeiten besser bin. Wenn es um Seelsorge-Gespräche geht, die nicht zwischen Tür und Angel, sondern zum Beispiel im Hospiz oder im Krankenhaus stattfinden. Schwieriger ist es für mich, mit den Banalitäten in meinem Beruf umzugehen. Mit den kleinen Wehwehchen, oft Nichtigkeiten, die natürlich auch irgendwo ihren Ursprung haben, die aber trotzdem sehr nervig sein können.

„Gott ist denen nah, die gebrochenen Herzens sind", heißt es in einem Psalm. Aber was tut Gott für diese Menschen, wie hilft er ihnen?

Als ich diesen Satz zum ersten Mal bewusst in einer Predigt bearbeitet habe, fand ich ihn erst einmal sehr tröstend, nämlich dass Gottes Nähe beim Zerbrochenen zu finden ist. Das finde ich inhärent schon einmal tröstlich. Allein die Gemeinschaft der Zugehörigkeit, dass das Zerbrochene zum Leben dazugehört und Gott auch hierin zu finden ist. Auch in der Seelsorge findet man nicht für alles eine Lösung, aber es ist gut, nicht allein zu sein, wenn man im Tal der Betroffenheit, im Leid ganz unten angelangt ist. Nicht, dass es immer einen schnellen Weg aus diesem Tal herausgäbe, aber es steckt immer eine Hoffnung darin. Und es gibt dem Leid auch eine Art göttliche Würde. Beim Sinn des Leids tue ich mir wesentlich schwerer. Ich kann nicht in jedem Leid Sinn sehen, aber ich glaube, Dinge können später einen Sinn bekommen oder ich kann ihnen einen Sinn geben.

Gibt es für dich so etwas wie einen „göttlichen" Moment?

Es gab und gibt in meinem Leben göttliche Momente. Die kommen immer ganz plötzlich. Die ploppen so auf.

Die meisten göttlichen Momente leben davon, dass man sie auch nicht in Worten begreifen kann. Gab es in deinem Leben als Agnostiker so eine Art göttliche Momente beziehungsweise Augenblicke, die sich der Normalität entziehen?

Ja, wenn das jene Momente sind, die einen glücklich machen, dann gibt es sie immer wieder. Der Augenblick, wenn es zu schneien beginnt und plötzlich ganz still wird. Wenn mir eines meiner vier Enkelkinder die Zeichnung einer Blume schenkt oder wenn sich mein Hund nach dem Fressen selig streckt, überträgt sich der Moment seiner Glückseligkeit und Ruhe auf mich. Ob ich diese Momente als göttlich bezeichnen würde, weiß ich nicht. Ich versuche es anders zu sagen: Der Tag oder auch das Leben ist wie eine Perlenkette, manche Tage sind mühsam und nichts gelingt. Doch es begegnen dir immer wieder einzelne unbeschädigte, schöne Perlen – so gesehen glückliche Momente. Solange es diese Augenblicke gibt, bin ich mit dem Leben zufrieden. Und ein glücklicher Mensch.

Wann und worüber hast du das letzte Mal gestaunt oder warst du hingerissen?

Ich staune eher im Negativen, zum Beispiel wie wir mit unserer Umwelt umgehen. Da nehme ich mich selbst nicht aus. „Wir haben die Welt nicht geschenkt bekommen, sondern von unseren Kindern nur geliehen" – ein Satz, der immer wieder zitiert wird, aber richtig ist. Auf welch schwierigem Pfad wir sind, zeigt allein die Diskussion darüber, ob es gerechtfertigt ist, dass sich Jugendliche auf den Straßen festkleben dürfen oder nicht. Schon immer haben Revolutionen und Bürgerrechtsbewegungen Zeichen gesetzt und etwas verändert. Junge Menschen müssen auch extreme Meinungen haben dürfen …

… da würde ich mich aus dem Bauch heraus anschließen und merke, dass ich Sympathien dafür habe, aber gleichzeitig habe ich damit ein Problem, wenn anderen unschuldigen Menschen dadurch Leid zugefügt wird. Ich fand es aber beeindruckend, dass die sogenannte „Letzte Generation" zu Weihnachten einen Gottesdienst gestört hat, um sich zu äußern. Sie haben sich auf Jesus von Nazareth berufen, der ja auch sehr krasse Meinungen hatte. Meine Angst ist nur, dass uns das eines Tages überrollt und aus harmlosem Widerstand „Die Revolution frisst ihre Kinder" wird und etwas sehr Radikales entsteht, was aber nicht zwangsläufig passieren muss. Auf der anderen Seite lassen sich die radikalen Klimaveränderungen nicht leugnen, daher unterstütze ich in erster Linie diese Form des gewaltlosen Widerstands und bewundere den Mut. Den geballten Hass, der sich der „Letzten Generation" entgegenstellt, finde ich unerträglich.

Die Zeit der Kompromisse ist vorbei

Ich glaube, die Zeit der Kompromisse ist einfach vorbei. Erst kürzlich hat sich ein Ordenspriester den radikalen Klimaschützern angeschlossen: Der Jesuit Jörg Alt klebte sich zusammen mit Vertretern der „Letzten Generation" auf der Straße vor dem Münchener Justizpalast fest. Der über 60-jährige Sozialethiker ist eines der prominentesten Gesichter des Klimaprotests. Der mutige Jesuit demonstrierte auch gegen Lebensmittelverschwendung, indem er Essen aus Supermarkt-Müllcontainern holte und sich anschließend selbst anzeigte, um auf das Problem aufmerksam zu machen. Da du mich vorher gefragt hast, was ich bewundere – das sind solche Menschen, die sich fern des Mainstreams und fern ihres Berufsbilds für solche Dinge einsetzen. Mit voller Überzeugung, ohne Wenn und Aber.

Das finde ich auch und hoffe auch immer, in meinem beruflichen Umfeld Teil dieser Menschen zu sein, die sich einer Revolution verpflichtet fühlen – und diese auch gestalten und nicht nur verwalten.

Im Reich des Imaginären

Wie versuchst du, Atheisten oder Agnostiker wie mich von der Existenz eines Gottes zu überzeugen? Ohne starre und selbstgerechte Gewissheit …

Ich frage mich, ob mir das überhaupt schon einmal gelungen ist. Vielleicht kann man jemanden ein Stück auf dem Weg begleiten.

Versuche es doch bei mir. Vielleicht eine schwierige Übung …

Oft habe ich Atheisten als missionarischer empfunden als mich selbst. Ich finde es sehr lustig, dass dieselben Mechanismen im „religiösen Atheismus" wirken wie bei dem, was sie an der Religion eigentlich ablehnen. Schau dir doch deine Hündin Gina an, diese Großartigkeit der Schöpfung, die gibt uns doch den Glauben daran, dass es etwas Größeres geben kann. Und wenn ja, wo und wie finde ich den Zugang? Für mich hat sich das in einer Form, die ich Gott nenne – allerdings lerne ich gerade, das auch als „Sie“ zu bezeichnen –, manifestiert. Als Christin finde ich es spannend, dass es sich in etwas manifestiert hat, das so konträr zu dem steht, was in der Welt eigentlich großartig ist. In einer Zerbrechlichkeit, in dem Gedankenspiel der Inkarnation des Menschwerdens und sich dem doch Entziehenden …

Zweifel als roter Faden des Glaubens

… aber der Zweifel zieht sich wie ein roter Faden durch verschiedenste Religionen …

… ja, das gehört einfach zusammen.

Sehen das andere Theologen auch so?

Zumindest all jene, die sich ernsthaft damit auseinandersetzen und das als ihre Lebensaufgabe sehen. Ich stehe nicht allein da. Mittlerweile tun mir Leute fast leid, die nie zweifeln. Weil das natürlich immer mit einer enormen Angst verbunden ist. Die lassen Zweifel und damit Ängste erst gar nicht zu. Damit wird das Gottesbild, von dem sie denken, es wäre ganz groß, wieder ganz klein. Gerade so, als würde Gott vom Thron fallen, wenn man einen Tag nicht an ihn glaubt. Den Satz habe ich allerdings von meinem Freund geklaut. Ich finde, je mehr Zweifel ich zulassen kann, desto größer wird Gott auf paradoxe Art und Weise. Jesus von Nazareth hat selbst gezweifelt mit Sätzen wie „Oh Gott, lass diesen Kelch an mir vorübergehen …“ oder „Mein Gott, mein Gott, warum hast du mich verlassen?“, womit er einen

Psalm aus der jüdischen Tradition zitiert – wir kennen das heute ja noch als Hiobsbotschaften. In diesen Schriften ist der Zweifel ja impliziert.

Letzten Endes ist es also wie in zwischenmenschlichen Beziehungen auch?

Ja, genau. Auch dort gibt es immer wieder Zweifel. Natürlich fühle ich nicht den ganzen Tag dasselbe. Ich bin nicht immer die Tochter, die Freundin oder die Geliebte von jemandem, sondern es gibt Momente, in denen ich es stärker oder weniger intensiv spüre. Manchmal auch ganz unerwartet.

Wie bereits erwähnt, beneide ich oft gläubige Menschen. Sie gehen in die Kirche, wenn sie Hilfe brauchen, suchen den Dialog mit Gott und verlassen danach die Kirche zufriedener. Und manche glauben – kurz bevor sie sterben –, sie können in den Aufzug steigen und hinauffahren. Ungläubige Menschen brauchen oft die Hilfe von Psychotherapeuten. Die Begegnung mit Gott in der Kirche ist günstiger …

Ich würde das nicht gegeneinander ausspielen. Es gibt auch viele gläubige Menschen, die große psychische Probleme haben. Das ist ein ganz gefährliches Spektrum, wenn man sagt oder glaubt, würdest du genug beten oder wenn dein Glaube groß genug wäre, hättest du diese Probleme nicht. Psychische Erkrankungen haben gläubige Menschen genauso wie ungläubige. Göttliche Hilfe kann genauso in einer Psychotherapie stecken wie bei einem anderen Arzt, den man aufsucht, weil man eine körperliche Erkrankung hat. Aber ja, unabhängig davon gibt es natürlich eine Kraft, die dem Glauben innewohnt.

Im Katholizismus gibt es mehr Show, schönere Kostüme als bei den Protestanten. Ich erinnere mich an die Szene in Fellinis „Roma"-Film, an die Modeschau für Kardinäle, bei der sie in Rollschuhen ihre Prachtgewänder präsentierten. Fehlt diese „Show“ dem Protestantismus? Lassen sich die Menschen immer noch davon beeinflussen?

Darüber könnte man Bücher schreiben. Es ist wie eine Wellenbewegung. Es kann einen Moment würdiger, stärker machen und unterstützend wirken. Es kann aber auch von dem, worum es eigentlich geht, einer Gottesbegegnung in der Stille, ablenken. Der Protestantisums mit der Entbildlichung, Entmachtung und Ablenkung vom Wesentlichen hat einen historischen Hintergrund. Das kann dann im absoluten Purismus dazu führen, dass es jeder Feierlichkeit entbehrt, das spürt man im protestantischen Rahmen oft sehr. Dann gibt es zu Weihnachten doch noch den Trompetenchor und das ganz große Brimborium – also die Sehnsucht des Menschen nach Religiosität, die auch würdig und groß dargestellt wird. Man kann sich darin aber auch verlieren. Es kann halt nicht sein, dass drinnen in den Kirchen Glitzer und Gold, Pracht und Prunk prangen und draußen die Menschen verhungern. Ich finde allerdings schon, es ist wie beim Feiern, es darf ab und zu schon das Große sein – wenn es darum geht, dadurch Menschen einen Weg zu bahnen und das Besondere zu würdigen.

Göttliche Ordnung, die dem Leben Halt gibt

Für viele religiöse Menschen bedeutet der Glaube göttliche Ordnung, die ihrem Leben Halt gibt. Wie ein Sicherheitsnetz. Die höhere Kraft Gott beschützt die Gläubigen. Der Herrgott im Himmel macht alles für sie … Ist das wirklich so einfach?

Nein, so funktioniert es ja auch nicht. Was ist schon göttliche Ordnung? Darunter stellen sich manche Menschen vielleicht das vor, was sie selbst als Ordnung empfinden. Ich mag den Begriff nicht. Es ist in der Natur doch alles viel größer als diese Ordnung. Jedes Unkraut findet seinen Weg durch den dicksten Felsen, was wunderbar ist. Wo ist da Ordnung? Für mich bedeutet das, Gott in irgendwelche Kisten packen zu wollen. Natürlich hoffe ich auch, dass das, was ich tue oder was Gott tut, irgendwie in meinem Leben spürbar ist. Ist Gottes Schutz nur da, wenn meine Mutter nicht stirbt? Das Leid auf dieser Welt ist da und ich muss es irgendwie ertragen. Man kann doch nicht sagen, dass alle Menschen, die brav und artig waren, in Gottes Ordnung drinnen sind und alle andern seien irgendwie selbst schuld – hätten sie nur mehr gebetet oder geglaubt. Mit diesem Weltbild kann ich nicht leben. Ich habe keine finale Antwort auf diesen Tun-Ergehen-Zusammenhang. Natürlich hat alles Konsequenzen. Wenn ich auf die heiße Herdplatte greife, ist das aber keine Strafe Gottes, sondern einfach nur die Konsequenz meiner Handlung. Und sollte es etwas wie eine göttliche Ordnung geben, überschreitet sie in ihrer Größe unsere Vorstellungskraft. Damit möchte ich keine Naturgesetze negieren. Mir begegnet der Begriff „göttliche Ordnung“ nur zu oft an den Stellen, wo er in die Enge und nicht in die Weite führt.

Sind Religion und Vernunft überhaupt miteinander vereinbar? Wenn ja, unter welchen Bedingungen?

Sie sind erst dann vereinbar, wenn Religion und Glaube die Vernunft überhaupt zulassen. Umgekehrt gilt das wahrscheinlich auch. Dort, wo Glaube vernunft- oder bildungsfern ist, wird es für mich schwierig. Auch ich wurde gewarnt, als ich Theologie zu studieren begann, dass ich den Glauben vielleicht verlieren könnte. Zu Vernunft und Glauben kommt ja auch noch das Gefühl. Es ist wie eine Tischrunde, wo die Vernunft, der Glaube, aber auch das reine Gefühl sitzen, die man blöderweise gegeneinander ausgespielt hat. Einmal spricht der eine, dann der andere und manchmal treffen sie einander.

Hoffentlich treffen sie sich oft …

Genau, das kann man nur hoffen. Aber unser westlich-europäisches Denken ist stark durch die platonische Philosophie geprägt, die diese beiden Pole trennt. Für mich persönlich gehören aber „cogito ergo sum"–„Ich denke, also bin ich" mit „senso ergo sum"–„Ich fühle, also bin ich" zusammen. Bist du eigentlich ein gefühlsbetonter Mensch?

Ja, Gefühle beherrschen mein Leben und lassen sich von meinem Denken und Handeln nicht trennen. Ich kann Entscheidungen nur treffen, wenn sie mit meinen Gefühlen kompatibel sind. „Die Urteile des Gefühls können niemals irren", meint Immanuel Kant. Wie ist das bei dir?

Ähnlich. Obwohl ich früher dachte, dass man durch die Ratio seine Gefühle kontrollieren muss. Doch ich hoffe sehr, dass die Menschheit jetzt wieder an den Punkt kommt, an dem Gefühle in jeglicher Form – dazu gehört auch die Intuition – eine wichtige Rolle spielen. Gefühle wurden zu weit in den Hintergrund gedrängt und als „Frauending" abgetan. Das ist Quatsch. Ich halte Gefühle für enorm wichtig und habe daher auch eine klinische Seelsorge-Ausbildung gemacht, bei der man sechs Wochen lang lernt zu fühlen. „Betreutes Fühlen" habe ich es genannt …

… diesen Kurs sollten viele, viele Menschen besuchen …

Finde ich auch. Dabei geht es vorerst darum, in der Seelsorge darauf zu schauen, was man selbst fühlt. Es gilt, diese Grundgefühle wie Freude, Angst, Scham, Trauer, Ärger zu erkennen, sich selbst zu fragen, wo man gerade steht, und in die Seelsorgegespräche die eigenen Gefühle miteinzubeziehen. Was fühlt der andere, was fühle ich? Gefühle brauchen sehr viel Raum.

Wo wir gerade bei Gefühlen sind. Wie erklären sich für dich Lust, Verliebtheit und Liebe?

Das sind unterschiedliche Kategorien, die im Idealfall auch zusammenkommen. Ich finde, dass das Deutsche sehr spracharm ist, was die Liebe betrifft. Da haben andere Sprache eine größere Vielfalt, wenn zwischen freundschaftlicher oder amouröser Liebe und Verliebtheit unterschieden wird. Es gibt diesen altgriechischen Liebesbegriff „Agape" der „Bedingungslosigkeit". Liebe passiert nicht, weil 1 plus 1 2 ergibt. Sondern da, wo Liebe gegen jede zu erwartende Bedingung geschieht, ist es vielleicht wirkliche Liebe. Lust ist eine ganz andere Sache, die passiert auch ohne Liebe. Im Idealfall allerdings verbunden mit Liebe. Lust gehört zur Erhaltung der Menschheit und wird gleichzeitig auch sehr oft verteufelt. Ich kann diese Lust-Feindlichkeit nicht nachvollziehen. Dazu solltest du im Alten Testament „Das Hohelied der Liebe" lesen …

Du weißt wirklich, wie du mich fängst …

Wo eine junge weibliche Stimme zu singen beginnt: „Deine Küsse bedecken meinen Körper." Ein unglaubliches, fast operettenhaftes Such- und Finde-Duett von einer jungen Frau und ihrem Geliebten.

Und wie geht die Geschichte aus?

Dass die Liebe stärker ist als der Tod. Das ist doch wunderschön und sehr lustbejahend.

Und wo steht die Verliebtheit für dich?

Ich würde sagen, Verliebtheit ist Teil der ewigen Neugierde. Auf der Suche, bis man etwas gefunden hat. Verliebtheit muss nicht bedeuten, dass man in einen Menschen, sondern vielleicht auch nur in eine Situation verliebt ist. Oder die Projektion, etwas, wohin man gerade seine Sehnsucht wirft, eine Imagination oder das Bild, das derjenige von einem zurückwirft …

Weil du gerade von Imagination sprichst. Die amerikanische Priesterin, moderne Mystikerin und Bestsellerautorin Cynthia Bourgeault spricht über das Reich des Imaginären, das man bewohnen kann, das von der Welt der Ratio getrennt und unabhängig von der Vorstellungskraft zu sein scheint. Kannst du diesem Gedanken folgen?

Ich finde die Idee spannend, aber ich kenne sie nicht. Da muss ich erst darüber nachdenken. Wie stehst denn du zu diesem Satz, in Verbindung zur Kunst beispielsweise? Ist Kunst nicht auch ein Ort, der solche imaginären Reiche schafft? Oder lebt sie sogar davon, dass es diese gibt?

Natürlich lebt Kunst von der Vorstellungskraft, von Fantasie. Nicht immer ist es dann auch wirklich Kunst. Dazu stellt sich die Frage, ob das, was man selbst als Kunst empfindet, es auch für andere ist. Kunst übergeordnet mit einem Reich des Imaginären zu verbinden, ist für mich ein wichtiger Aspekt. Realität zu verfremden, in Bereiche von Traum und Vorstellungswelten vorzudringen, ist entscheidend. Ich glaube, Kunst sollte Menschen mit dem Geheimnis konfrontieren, den Alltag verfremden. Was ist denn das Reich des Imaginären für dich?

Aus dem Bauch heraus würde ich sagen, es ist etwas, das Vorstellungskraft hat und wodurch wieder Schaffenskraft entsteht. Diese Form von Imagination würde ich nicht als Flucht, sondern als Schöpfer-Ich ansehen. Der Kern liegt für mich darin, über etwas hinaus denken zu können, etwas Neues zu schaffen.

Oft hört man von Geistlichen: „Nichts geschieht ohne Gottes Willen." Wenn man diesen fragwürdigen Satz ernst nimmt, dann muss man Gott an die Präzision der Nazi-Schergen, mit der Millionen Menschen ermordet wurden, erinnern. An all die Kriege der Welt. An all die tyrannischen Diktatoren. Und daran, dass mehr als 800 Millionen Menschen hungern und alle 13 Sekunden ein Kind unter fünf Jahren an Hunger stirbt. Da kann man leicht zum Atheisten werden.

Das ist eine nicht in Worte zu fassende Dimension der Grausamkeit. Ich kann und will mir nicht vorstellen, dass all das unter Gottes Willen passiert. Vielleicht mit seinem Zulassen, damit hadere ich auch. Es gibt diesen Satz, der oft auf Beerdigungskarten steht: „Es hat Gott gefallen, XY zu sich zu nehmen." Da denke ich bei mir: „Nein, gefallen nicht. Davon bin ich überzeugt. Dass es Teil dieser Welt und deren Ungerechtigkeit ist … Du merkst, ich ringe auch nach Worten. Ich tröste mich manchmal damit, wenn ich mir diese Welt anschaue, wie sie uns Menschen übergeben wurde, wo die Grundbedingungen dieser Schöpfung darauf angelegt sind, dass es ja zumindest möglich wäre, dass alle Menschen ernährt werden könnten, keine Kriege geführt werden müssten, dass es genug Raum und Ressourcen gibt, es bleibt trotzdem immer die Frage nach dem Eingreifen … Mit Blick auf den Holocaust und all dies Schreckliche wird das natürlich noch entscheidender. Unfassbar, dass so etwas möglich ist, aus der Mitte der Gesellschaft heraus. Warum gibt es kein Eingreifen? Dorothee Sölle, eine feministische evangelische Theologin, hat sich ja die Frage gestellt „Wo war Gott in Auschwitz?", um sie auch zu beantworten: „Gott war sehr klein in dieser Zeit, er hat keine anderen Hände als unsere Hände." Es liegt also an uns, sich für das Gute einzusetzen. Das Bewahren der Schöpfung ist unser

Auftrag. Wir sind nicht nur Marionetten, sondern wir sind Menschen – ob Gläubige oder Ungläubige –, wir müssen dem auch entgegentreten."

Das ist für mich keine wirklich befriedigende Antwort, aber die gibt es wahrscheinlich auch nicht auf eine so unbefriedigende Frage. Verstehst du den Reflex vieler Menschen: „Herrgott, wie kannst du so etwas zulassen?"

Sehnsucht nach Spiritualität

Auf diese Frage gibt es nur ein kurzes, schnelles Ja.

Wie begegnest du der These von Atheisten, dass Beten eigentlich nur eine Psychotechnik zur Beruhigung ist?

Wenn sich am Ende meines Lebens herausstellt, dass das so war, würde ich immer noch sagen: Ja gut, besser als nichts. Denn es hat ja funktioniert. Ich versuche so zu leben, dass es selbst dann, wenn sich am Ende herausstellt, dass es nicht so ist, wie ich dachte – was Gott, meinen Glauben und auch meine Gebete betrifft –, ich trotzdem nicht sagen möchte, es war alles für die Katz'. Sondern: Okay, es war trotzdem ein guter Versuch, ein Leben, das Sinnhaftigkeit hatte. Man spürt auch gerade jetzt wieder diese große Sehnsucht nach Spiritualität. Sei es durch Yoga, Meditation oder andere Achtsamkeitsübungen. Das schadet ja nie und stärkt die mentale Gesundheit – gerade in dieser lauten Welt der Überflutung mit Informationen. Und dennoch ist Gebet für mich mehr. Es ist wie ein Raum, den ich betrete. Etwas, das zwar in mir geschieht, aber über mich hinausgeht.

... ja, was innerhalb eines Tages permanent auf uns niederprasselt, geschah im Mittelalter in einem Zeitraum von

vielen Jahren. Daher nimmt die Konzentrationsfähigkeit, die Fokussierung auf ein Thema, immer mehr ab. Müdigkeit und Antriebslosigkeit sind die Folgen. Und die Aufmerksamkeitsspanne wird immer kürzer.

Genau. Das merke ich auch bei mir selbst. Daher: Punkte zu finden, die einen nach innen bringen, ist wichtig und immer positiv. Dazu gehört auch das Gebet. Beten heißt ja nicht nur reden, sondern auch still sein, ruhig werden …

Religion als Opium des Volkes?

Im Evangelischen Gesangsbuch steht die Zeile: „Ich kann nicht tiefer fallen als in Gottes Hand." Ist so ein Satz auch für einen Menschen anwendbar, dem es wirklich schlecht geht?

Ja, aber auch hier ist es für mich als Seelsorgerin, als Pastorin, Freundin oder Mensch eine Frage der Beziehungsebene. Wann kann ich was, wem, wo sagen? Meine Oma zum Beispiel hätte das für sich immer in Anspruch genommen. Ich würde das auch über mein Leben schreiben. Wenn ich jedoch jemanden Fremden träfe, würde ich diesen Satz nicht in jedem Fall anwenden. Es gibt Trostworte, die zwar nicht billig sind, aber die billig wirken können, wenn sie zum falschen Zeitpunkt an die falsche Person gerichtet sind.

Oder nicht überzeugend genug gesprochen wurden …

Stimmt. Ich würde nicht einem Menschen, der am Boden zerstört ist, einfach etwas ohne Empathie sagen. Für mich sind diese Texte eine Art Rettungsinsel. Sätze, an denen man sich selbst hochziehen kann, wenn es einem schlecht geht. Eine Kollegin hat vor Kurzem gesagt: „Lernen Sie die Texte auswendig, damit sie vorhanden sind, wenn Sie sie brauchen, um von ihnen getragen zu werden." Das hilft mir.

Wie ein Mensch, der Gefahr läuft zu erblinden und vorher noch alle bunten Bilder der Welt in sich aufnehmen will, um sie dann in der Dunkelheit der Blindheit abrufen zu können. Jetzt wirst du dich vielleicht wundern, dass ich dir Martin Luther zitiere, der wusste, dass viele falschen Vorstellungen vom Glauben existieren. Der Glaube, schreibt er, ist nur rechter Glaube, wenn er uns zu einem „gantz ander menschen von hertzen mut sinn und allen krefften" macht. Was sind die wichtigsten Luther-Thesen, die du persönlich für dein Leben mitgenommen hast?

Da fallen mir seine Sätze wie „Man kann Gott nicht allein mit Arbeit dienen, sondern auch mit Feiern und Ruhen" oder „Sündige tapfer, doch tapferer glaube und freue dich über Christus" ein. Dahinter steckt: Wenn du dir nicht sicher bist, dann mach es halt, aber das wenigstens ganz, aus vollem Herzen und mit Überzeugung. Ich habe zu Luther aber auch ein ambivalentes Verhältnis, auch wegen seiner Juden-Feindschaft. Wir Menschen hätten halt immer gern Ikonen, die nur gut sind – oder nur schlecht. So geht's mir natürlich auch. Ich kann nur schlecht damit leben, dass Glaubenshelden nicht nur gut sind. Dabei würde uns ja die Bibel lehren, dass wir alle das Gute und Schlechte in uns haben. Ich schätze Luther dafür, dass er sich aus einem System, von dem er überzeugt ist, herausnimmt und sich auch dagegenstemmt. Auch die Beziehungsform von Luther und Katharina von Bora, die ja auch Nonne war, finde ich spannend. Auch aus der heutigen Perspektive. Wie Paarbeziehungen im Mittelalter auch funktioniert haben können, finde ich sehr interessant. Natürlich war er in vielem sehr verbohrt und verbissen. Dennoch war Martin Luther einer der ersten bedeutenden Menschen, der die Frage nach einem gnädigen Gott stellte und dieser auch selbst auf den Grund gehen wollte.

Für einen ganz anderen Denker, Karl Marx, hingegen ist Religion „der Seufzer der bedrängten Kreatur … das Opium des Volkes".

Ein schöner Satz. Ich kann das nachvollziehen und auch zustimmen, dass Religion Opium des Volkes sein kann.

Auch Nicht-Religion kann Opium fürs Volk sein. In atheistisch geprägten Staaten wird der Staat Religion und damit zum Opium des Volkes. Auch dort können Menschen durch diktatorische Machthaber gleichgeschaltet werden. Dafür gibt es viele Beispiele. Aber ja, auch Religion kann etwas Betäubendes sein. Ich habe selbst zwar nie Opium genommen, aber vielleicht sollte ich es einmal probieren. Religionen sind wie ein Hammer – ich kann damit ein Krankenhaus bauen, aber auch jemandem den Schädel einschlagen.

Machen es sich gläubige Menschen nicht zu einfach, wenn sie metaphysische Fragen immer mit Gott in Zusammenhang bringen: „Gibt es jemanden, der das Universum erschaffen hat, hatte die Zeit einen Anfang, wird sie ein Ende haben?"

Da würde ich jetzt gern eine Physikerin dazu befragen. Ich finde es unfassbar spannend, was die Menschheit schon alles herausgefunden hat. Aber ich glaube, jeder Mensch, der für sich in Anspruch nimmt, diese Frage allumfassend beantworten zu können, disqualifiziert sich selbst. Es gibt noch viel zu entdecken.

Muss man an alles glauben, wenn man glaubt? Zum Beispiel an ein Leben nach dem Tod?

Das ist eine metaphysische Frage. Würde man fünf Menschen diese Frage stellen, würde sie jeder wahrscheinlich anders beantworteten beziehungsweise das im Detail sehr individuell beschreiben. Das muss auch so sein. Sonst hätten wir eine Art einengenden Ordnungsbegriff. Gesunder Glaube muss die Basis für einen Dialog sein, aber auch da stößt man an seine Grenzen. Zum Beispiel, wenn es um Menschenrechtsfragen geht, spüre ich manchmal ein Problem und möchte nur sagen: „Wir haben alle den Herrn Jesus lieb und dann passt das schon …"

Wie reagierst du dann?

Ich versuche, mein Gegenüber zu verstehen und auch den Weg nachzuvollziehen, wie es zu dieser Meinung kommt. Beziehungsweise seine Biografie zu verstehen, aber irgendwo gibt es einen Punkt, wo das Verständnis aufhört. Aber zur eigentlichen Frage: Ich glaube und hoffe auf ein Leben nach dem Tod. Wie auch immer dies sein mag.

Kardinal Schönborn meint, die Kirche ist „nicht dazu da, Menschen für sich selbst zu rekrutieren", sondern ihnen als „Brücke zu Gott" zu dienen.

Finde ich gut. Aus seiner katholischen Perspektive ein fast revolutionärer, in jedem Fall außergewöhnlicher Satz.

Wenn du in einer Werbeagentur einen knappen Slogan für Gott machen müsstest, wie würde der lauten? Welches Merchandising würdest du für Gott kreieren? Und wie würdest du Gott auf Instagram präsentieren?

Oh, das ist schwierig auf die Schnelle. Vor allem, wenn es nicht kitschig oder banal sein soll. Ich versuche es mal. Der Slogan hieße: „Gott ist Liebe" oder „Gott ist gut und sie liebt uns". Zum Merchandising: Menschen lieben Devotionalien. Auch wenn ich mir damit schwertue. Gott zu kommerzialisieren, ist durchaus heikel. Aber spaßeshalber, was wäre „Gott-Merch"? Vielleicht gutes Brot und guter Wein? Oder Blumensamen, mit denen man das tägliche Wunder des Werdens betrachten kann? Auf meinem Schreibtisch liegt ein Prisma. An manchen Tagen fällt die Sonne so darauf, dass an den unterschiedlichsten Stellen meiner Wohnung kleine Regenbögen entstehen, das empfinde ich als ziemlich göttlich. Zu Instagram: Da wird ja viel Werbung für Gott gemacht. Es gibt sogar den Begriff „Christfluencer". Da ist aber auch eine Menge moralistischer Quatsch dabei. Vielleicht würde ich jeden Tag nur den Vers aus der Exodus-Erzählung posten, in dem Gott sich Mose vorstellt: „Ich bin der. Ich bin da."

Wie erklärt man als Pastorin einem Jugendlichen ohne kirchliche Bindung, dass Jesus auferstanden ist?

Ich würde den Jugendlichen grundsätzlich fragen, ob ihn diese Frage ernsthaft interessiert. Dann würde ich wissen wollen, ob er das selbst für möglich hält …

… wenn er Nein sagt?

Dann würde ich sagen, auch ich finde, dass der Gedanke an die Auferstehung etwas ist, das meinen Kopf, meine Ratio und auch meine Gefühlslage immer explodieren lässt. Denn wenn man darüber nachdenkt, erscheint es einem unmöglich. Trotzdem ist da etwas, woran ich glauben will, es aber nicht mit Worten erklären kann. Ich kann nur sagen, der Moment, an dem ich mindestens einmal im Jahr an die Möglichkeit der Auferstehung denke, ist, wenn ich das erste Schneeglöckchen aus der Erde wachsen sehe. Zu spüren, dass in diesem vermeintlichen Tod des Winters – obwohl er das ja gar nicht ist, sondern nur ein anderes, stilleres Leben – Neues entsteht. Der Kreislauf, der immer wieder beginnt, zeigt sich in dieser kleinen Pflanze, einem Schneeglöckchen, das sich von innen erwärmen kann und einen neuen Frühling ankündigt.

Oder auch dem Löwenzahn, der sich durch Zementdecken den Weg bahnt, offensichtlich. Da blitzt etwas für mich hindurch, das ich mit Auferstehung verbinde.

Die Ohnmacht der Generation Z

Wie vermittelt man der ängstlichen, psychisch oft belasteten Generation Z, dass nicht alles gleichgültig ist?

Ist das nicht jene Generation, die sich jetzt protestierend festklebt? Ich sehe da keinen Gleichmut. Und gab es nicht in jeder Generation Menschen, die nicht mehr an die Sinnhaftigkeit des Lebens glaubten? Es war doch immer Ohnmacht da, wo es Menschen gab, und gerade durch diese Ohnmacht – denk nur an die Kriege – etwas Neues begonnen haben. Ich finde diese Generation faszinierend und hoffe von ihr zu lernen.

… umso schlimmer, dass wir auch jetzt in einer Zeit leben, die uns wieder an diesen Punkt führt?

Ich würde eher an die Hoffnung plädieren, dass es immer wieder diesen Auferstehungscharakter gab und geben wird. Dass sich Menschen immer wieder aufgerappelt haben. Ich denke da zum Beispiel an die „Trümmerfrauen" nach dem Zweiten Weltkrieg, als dieses große „Trotzdem", „Jetzt erst recht" in den Menschen geweckt wurde. Und generell muss ich sagen, dass 20-Jährige, die ich kennenlerne, überhaupt nicht mutlos und gleichgültig sind. Im Gegenteil, es sind eher die, die mir Mut machen. Ich erlebe diese Generation zumeist als viel reflektierter und sehr politisch. Ich war mit zwanzig anders …

Für den Atheisten Sigmund Freud sind „religiöse Vorstellungen nur Illusion". Der Glaube an die Wissenschaft gebe mehr Halt als die Religion und werde sie eines Tages auch ersetzen, meint er.

Wenn's klappt … Aber viele Ansichten von Freud werden heute auch aus psychologischer Sicht etwas anders gesehen.

Ich finde es spannend, dass Wissenschaft oft als Religionsersatz gewertet und beide auch gegeneinander ausgespielt werden. Ich glaube, dass viele Menschen, die eher an die Wissenschaft denn an die Religion glauben, gerade in Zeiten der Covid-Pandemie gar nicht mehr so sehr von ihr beziehungsweise den Wissenschaftlern überzeugt waren. Von drei Virologen, die an einem Tisch saßen, hatte jeder eine andere Meinung. Menschen haben immer den Wunsch nach einer gewissen Statik – sei es der statische Gott oder die statische Wissenschaft. Doch beides ist nicht statisch. Dennoch gibt es natürlich wissenschaftliche Erkenntnisse, hinter die man nicht zurückfallen kann. Das ist gut so. Aber dennoch ist Forschen auch ein Diskurs mit dem Anspruch, sich selbst zu überholen.

Aber Religion ist statischer als Wissenschaft, zumindest wird sie meiner Meinung nach so gelebt.

In 2000 Jahren Kirchengeschichte hat sich viel verändert, allein dadurch, dass ich jetzt hier sitze. Auch da gibt es eine Dynamik. Ich glaube darüber hinaus, dass sich sehr viele Menschen, die Theologie studiert haben, sehr intensiv mit Philosophen auseinandersetzen. Und gerade dieses kritische Denken ist etwas, das viele Menschen heutzutage zu diesem Studium führt. Ein ständiges Hinterfragen, Grenzen-Ausloten, Neugierig-Sein, auch im Namen des Glaubens Nein sagen können. Da gibt es eine viel größere Schnittmenge als dort, wo Menschen oft nur sehr simple Antworten haben.

Sucht die Kirche wirklich die Auseinandersetzung? Ist das nicht nur deine persönliche Meinung?

Nein, nicht nur. Wenn man sich wirklich mit den einzelnen Religionen auseinandersetzt, gibt es in jeder Religion verschiedene Strömungen und hier finden Anhänger der verschiedensten Kirchen oft Gleichgesinnte. Auch ich fühle mich oft sehr Menschen anderer Religionen in der Art zu denken und offen zu sein – einem ähnlichen „Mindset" – viel näher als Hardlinern in der eigenen Kirche. Ich denke da nur an Menschenrechts- oder Frauenfragen. Religion, wie ich sie erlebe, ist daher nicht statisch. Aber ich kenne statisch denkende Religiöse.

Missbrauch hinter Klostermauern

Früher waren Sonntagsmessen überfüllt, heute wird oft vor leeren Kirchenbänken gepredigt. Aktuell gibt es für die katholische Kirche eine erschütternd hohe Zahl an Kirchenaustritten, so viele wie nie zuvor treten aus. Wie erklärst du dir das?

Sowohl in Österreich als auch in Deutschland hat das sehr viel mit den vielen grauenhaften Missbrauchsskandalen zu tun. Selbst für jene, die bis jetzt – quasi aus alter Tradition – eingetragene Mitglieder waren, ist spätestens jetzt ein endgültiger Cut. Es geht ja dabei nicht nur um das Bekanntwerden der Missbrauchsskandale. Was mindestens genauso schlimm ist, ist der Umgang damit. Dass es immer noch keine Transparenz gibt, immer noch verschleiert wird und man dadurch noch mehr ins Kriminelle rutscht.

Du meinst, dies ist das Hauptargument für die Kirchenaustritte?

Ja, sicherlich ist das einer der Hauptgründe.

Wenn ich nur an das Stift Kremsmünster denke: Mehr als 25 Jahre lang hat Pater Alfons viele Internatsschüler sexuell misshandelt und gefoltert. Das ging von sadistisch motivierter Züchtigung mit einem Ochsenziemer bis zur Vergewalti-

gung. Der frühere Chef der französischen Bischofskonferenz, Kardinal Jean-Pierre Ricard, der den Missbrauch an einer 14-Jährigen gestand, oder die Vorwürfe gegen 77 Patres an irischen Schulen, wo man bereits still und heimlich Millionen an Entschädigungen zahlte. Über diese Skandale kann doch kein gläubiger Mensch hinwegsehen …

Natürlich nicht. War die Kirche für viele Gläubige bis jetzt immer eine noch letzte Verbindung zu einer religiösen Gemeinschaft, die zumindest für Familienfeierlichkeiten wie Taufe, Hochzeit und Beerdigungen wichtig war, so ist für viele Menschen jetzt das Fass übergelaufen. Früher fand ich es ja eher heuchlerisch, aus diesen Gründen bei der Kirche zu bleiben, mit zwanzig gab es für mich nur ganz oder gar nicht, heiß oder kalt. Heute bin ich etwas altersmilder geworden, also im Bezug darauf, auch aus Tradition einer Kirche treu zu bleiben. Aber die Abscheulichkeit der Skandale erschüttert mich enorm. Ich bewundere die Menschen, die versuchen, ihre Kirche von innen heraus zu reformieren.

Da bist du der jüngste altersmilde Mensch, den ich kenne. Betrachtest du dies heute nuancierter?

Ja, ich sehe heute auch stärker die Vielschichtigkeiten der Menschen und ihre Prägungen. Auch jemand, der heute mit der Kirche nichts mehr anfangen kann, hat doch meist noch schöne Erinnerungen an früher, an die Oma, an Weihnachten, an gemeinsame kirchliche Feste.

Aber wenn nur diese tradierten Erlebnisse übrig bleiben, ist das wohl zu wenig, oder?

Natürlich, aber alle Institutionen „menscheln“. Ich erlebe das im Baptismus, in meiner Gemeinde und bei mir selbst. Trotzdem stehe ich nach wie vor grundsätzlich zu diesem Prinzip und kann mich auch immer noch dafür engagieren. Mit „menscheln“ meine ich jetzt die Akzeptanz des Nicht-

Perfekt-Sein. Ich rede nicht von Missbrauch, das geht weit darüber hinaus.

... schon wegen deines Berufs?

Sicherlich – allerdings vor allem durch meinen freikirchlichen Background. Hier können Menschen eine bewusstere Entscheidung treffen, wie bei der Taufe. Es handelt sich hier im Positiven um eine sehr engagierte Gruppe von Menschen, die, das muss man auch erwähnen, den Hang haben können, ins Fundamentalistische zu kippen. Meines Erachtens passieren diese grauenhaften Missbrauchsfälle aber vor allem dort, wo man eine körper- und sexualfeindliche Einstellung propagiert. Irgendwie führt gerade diese wiederum zu einer Obsession. Dazu mischt sich – vor allem in der katholischen Kirche – ein System der Geheimhaltung und strenger Machthierarchien. Ein gefährlicher Cocktail. Dazu kommen Verheimlichung und Schamhaftigkeit. Und das alles in einer Institution, die für sich in Anspruch nimmt, Menschen schützen zu wollen, und ihnen vorschreibt, wie sie zu leben haben. Da wird die Fallhöhe natürlich sehr hoch. Es erscheint mir daher unumgänglich, diese verkrusteten Strukturen – Macht- sowie Geheimhaltungsstrukturen – aufzubrechen. Dazu braucht es sexuelle Aufklärung und Mündigkeit. Das gilt natürlich genauso für den Protestantismus, auch hier gibt es Missbrauchsfälle, die auf Geheimhaltung, Schamkultur und Machtmissbrauch zurückzuführen sind.

Wie reagierst du auf diese Missstände?

Mit absolutem Unverständnis, mit unendlicher Wut und dem Wunsch, dem etwas entgegenzusetzen. Und – das möchte ich schon noch betonen – das sind genau jene Personen, die es mir verbieten wollen, Pastorin zu sein.

Du bist Kölnerin, kennst du den Kölner Kardinal Woelki?

Nicht persönlich, aber ich bin mit seiner Geschichte vertraut.

Was ist denn das für ein Kirchenoberhaupt, das eigenhändig Listen schreddert, auf denen Namen missbrauchsverdächtiger Priester stehen?

Das ist gar nicht in Worte zu fassen und erschreckend, dass das auch gar keine Konsequenzen nach sich zu ziehen scheint. Es gibt in Deutschland die „synodalen Strömungen“, einen Zusammenschluss eher progressiver Kreise, die eine Aufarbeitung aller Missbrauchs- und Finanzfälle fordern und sich für queere Menschen und die Ordination der Frau als Priesterin einsetzen. In diesem Kontext wurde einmal auch Kardinal Woelki zu einer Veranstaltung eingeladen. Es wurde bewusst eine Sitzordnung nach dem Alphabet gewählt und nicht nach Würdenträgern. Worauf der Kardinal schockiert gesagt haben soll: „Da wären ja alle gleich.“ Das sagt doch alles, oder? Dass ein Kirchenmann in solch einer Ermangelung an Demut leben kann, ist mir unverständlich.

Wie kann man Menschen, die von Priestern, Trainern oder Lehrern missbraucht wurden, helfen? Manchmal hat man den Eindruck, dass die Aufarbeitung bei Kirche und Staat in die falsche Richtung läuft.

Da müsste man jemanden fragen, der ein profunderes Wissen hat als ich. Generell ist es wichtig, dass dieses Machtsystem von innen heraus zerschlagen wird, dass es volle Transparenz und gleichzeitig Schutzmechanismen gibt. Wir haben in unserer Freikirche ein Kinderschutzprogramm auf den Weg gebracht, in dem alle – auch alle ehrenamtlichen Mitglieder, die mit Kindern und Jugendlichen zu tun haben – diese Schulung machen müssen. Dazu kommt, dass Kinder und Jugendliche im kirchlichen Kontext, aber auch generell, aufgeklärt werden müssen, dass sie Grenzen setzen dürfen, und sprachfähig werden können, wenn etwas nicht richtig ist.

In Deutschland werden große Bistümer von Finanzskandalen erschüttert. Seit 2021 sind die Christen mit 49,7 % in Deutschland erstmals in der Minderheit. In Österreich ist der Anteil der römisch-katholischen Bevölkerung zwischen 2001 und 2016 von 75 auf rund 65 Prozent gesunken. Dramatische Zahlen, würde ich sagen.

Es hat sich gesamtgesellschaftliche vieles verändert und es ist auch der protestantische Einfluss, der den einzelnen Menschen die Freiheit gibt, Nein zur Kirche sagen zu dürfen. Kirchen haben an Macht verloren. Früher haben sie nicht nur das spirituelle und Glaubensleben geregelt, sondern mehr oder wenig auch das weltliche Leben der Menschen. Dass sich das geändert hat, ist wichtig und gut. Jetzt muss man sich gesundschrumpfen, wieder beweglicher werden und positiv in die Gesellschaft hineinwirken. Und nicht nur die goldene Krone verteidigen.

Wie kann man all jenen anständigen Kirchenmenschen Mut machen, die jeden Sonntag vor immer weniger Schäfchen sitzen und predigen?

Sehen, dass es den synodalen Weg oder die Fraueninitiative „Maria 2.0“ gibt, dass es großartige Ordensfrauen und beeindruckende Klöster, die Enormes vollbringen, gibt. Und es gibt ganz viele Jugendliche, die auf Social Media dagegen arbeiten, es gibt hier das Netzwerk „ruach.jetzt“ – Ruach ist das hebräische Wort für die heilige Geisteskraft, den Atem, den Hauch Gottes. All diese vermeintlich kleineren Menschen kämpfen gegen diese Missbrauchsfälle an, das geht über alle Konfessionen. Hier findet auch eine Art „Vergeschwisterung“ statt. Wo es früher

Schranken gab, wird heute zusammengearbeitet. Darin liegt Hoffnung.

Bist du als Pastorin auch Teil des kirchlichen Systems?

Ja. Damit muss ich leben, umgehen und mich auch jeden Tag damit auseinandersetzen. Wie alle Menschen, wie beispielsweise beim Klimaschutz – als vergleichbare Frage: „Wie kann ich gegen den Klimaschutz und selbst Teil des Problems sein?" Dennoch hoffe ich, dass dort, wo Gleichberechtigung passiert, diese Systeme ausgehebelt werden. Und es sind ja genau kirchlichen, religiösen Systeme, wo jene am lautesten nach Regeln schreien, bei denen es keine egalitäre Sexualität gibt, sondern Missbrauch und Vergewaltigung. Allein das ist für mich ein Indikator, wo ich mir bei allzu moralistischen Aussagen denke: Deinen Internetverlauf möchte ich erst gar nicht sehen. Das absolute Gegenteil von „ich bin authentisch" … gerade in der katholischen Kirche ist Papst Franziskus, der zwar in vielem eine Verbesserung ist, in anderem aber auch nicht. Dieses Nicht-Verständnis, dass man für viele Menschen keine moralische Instanz mehr ist und vieles nie aufgearbeitet hat.

Wenn man sich vorstellt, dass im Bistum Eichstätt der frühere Bischof Brems einem Priester, der wegen sexuellen Missbrauchs von der Polizei gesucht wurde, zur Flucht verholfen hat …

Schlimm genug, dass dieser Missbrauch passiert, aber es erschüttern mich diese Mitläufer fast noch mehr, die diese Täter auch noch decken. Und all das passiert mit einer Selbstverständlichkeit vor aller Augen. Die Kameras sind darauf gerichtet, aber irgendwie gehört es inzwischen fast dazu. Genauso wie ich nie aufhöre, über das Positive zu staunen, will ich auch immer erschüttert sein über diese Grausamkeiten. Daran darf man sich nie gewöhnen.

Der Abt des Stiftes Seitenstetten hat am Wiener Schwedenplatz eine Sperre anbringen lassen, damit die Obdachlosen nicht bei den warmen Öffnungen der U-Bahn lagern können. Wo sind wir denn, bitte? Was denkst du dir, eine Pastorin, die sich auch aufgrund ihres Glaubens intensiv mit der Armut auseinandersetzt, wenn du so etwas erfährst?

Mich macht das genauso fassungslos wie dich. Der erste Satz, der mir dazu einfällt, ist genau das Problem jener Menschen, die die Kreuze auf dem Bauch und nicht auf dem Rücken tragen. Es gibt 3000 Verse in der Bibel, die sich mit sozialer Gerechtigkeit und Armut auseinandersetzen. Und es gibt die Gerechtigkeitsbibel einer Initiative in Deutschland, die sich für „social justice" nach dem „Prophetenbuch Micha" einsetzt, in dem es heißt: „Es sei dir gesagt worden, Mensch, was gut ist, und was Gott von dir erwartet: nichts anderes als Recht tun, Güte und Treue lieben." Übertragen könnte man das auch so formulieren: „Trete ein für deinen Gott, indem du den Armen hilfst, Gerechtigkeit tust." Das ist genau der Auftrag, der sich seit über 2000 Jahren durchzieht, und es ist wichtig, das vor der eigenen Haustüre zu tun …"

Apfelbäume und Kinder in die Welt setzen

Du bist ja auch Feministin, ich möchte gern über die MeToo-Bewegung sprechen. Vor wenigen Tagen hat die Kabarettistin Carolin Kebekus …

… ich liebe sie …

… gesagt: Es ist kein Sexskandal, der die ganze MeToo-Welle ausgelöst hat, sondern es ist ein Machtskandal, denn mit Sex hat es ja nichts zu tun, wenn Frauen vergewaltigt werden. Wird es durch diese Debatte weniger Übergriffe und Missbräuche geben?

Diese eher westlich zentrierten Bewegungen wie MeToo oder auch der moderne Feminismus erschweren diese Übergriffe sicherlich. Natürlich hört es deswegen nicht auf und es ist nicht von jetzt auf gleich weg. Aber es wurde ein anderes Bewusstsein geschaffen, diese Dinge werden transparenter, die Frauen werden mutiger und ich hoffe, dass sich dadurch maßgeblich etwas verändert. Aber man darf nie aufhören, darauf zu schauen, genauso wie auf Demokratie und Sicherheit für die Menschen.

Weniger Ängste, mehr Empathie

Was sind die wesentlichsten Dinge für ein gutes Zusammenleben von Menschen. Was erhoffst du dir?

Abbau von Ängsten, damit mehr Empathie möglich ist, Frieden natürlich, das ist ein großes und kleines Wort zugleich. Ja, Empathie ist enorm wichtig – ich möchte dabei über Toleranz hinausgehen, das heißt ja nur, einander ertragen oder respektieren …

Aber kann man Menschen zu Empathie zwingen?

Nein, aber man kann versuchen, sie in ihnen zu wecken. Wie, weiß ich allerdings selbst nicht genau.

Die meisten Menschen können ja nicht einmal ihre eigenen Gefühle ausleben, geschweige denn auf andere empathisch zugehen …

Ich hoffe schon, dass mit und gegen die Digitalisierung – in dieser Gleichzeitigkeit – das Bedürfnis wieder größer wird, seine Gefühle zu leben ….

Die Christenverfolgung von islamistischen Hasspredigern nimmt weltweit zu. Auch bei uns. Wie soll und kann die Kirche damit umgehen?

Ich möchte darauf mit einem Satz von Kardinal Schönborn antworten. Es war beim ökumenischen Empfang, der einmal im Jahr stattfindet und wo alle Konfessionen,

Katholiken, Protestanten, Orthodoxe und Freikirchen, aufeinandertreffen. Er sah sich um und sagte: „Der einzige Grund, warum wir hier zusammensitzen können und uns nicht kriegerisch bekämpfen, ist, weil wir keine Macht mehr haben." Das war ein guter Einstieg – auch auf deine Frage. Man darf hier nicht von der Seite der Guten und der Bösen sprechen. Auch das Christentum war nicht immer unbrutal. Natürlich muss man diesen Hasspredigten entgegentreten, aber man sollte dabei nicht gleichzeitig islamfeindliche Stereotype verwenden. Zu schnell wird man damit populistisch und schürt die Islamfeindlichkeit. Hier den richtigen Weg zu finden, ist vielleicht nicht leicht. Aber grundsätzlich gilt, kein Mensch sollte aufgrund seiner Religion verfolgt werden. Mich beunruhigt die Verfolgung von Christinnen aber genauso sehr wie die Verfolgung von Musliminnen. Vor allem, wenn ich bis unter die Zähne bewaffnete Christen in den USA sehe, die schon ihren Kleinkindern das Schießen beibringen.

Aber was kann man konkret machen, wenn beispielsweise in der Ebu-Hanife-Moschee in Wien-Favoriten immer wieder radikal-islamische Imams predigen und gegen die „dekadente westliche Welt" opponieren? Das ist rein rassistisches Gedankengut, das – und jetzt wird es politisch – von der rechtsradikalen FPÖ angeprangert wird. Oder von dem französischen Bestsellerautor Michel Houellebecq, der sogar einen Bürgerkrieg voraussagt. Das ist eine gefährliche Radikalisierung, die junge Menschen mitreißt.

Ich würde zum Beispiel dafür plädieren, dass Religionsunterricht an Schulen nicht als trennendes, sondern als verbindendes Element genützt wird. Man muss öffentliche Begegnungsräume schaffen, hier könnte man an der Wurzel beginnen …

Gibt es das schon?

Nein, das ist meine Wunschvorstellung und zumindest ein Lösungsansatz. Man muss Begegnungen schaffen, überall dort, wo Bildung passiert. Wie zum Beispiel das „House of One" in Berlin, wo sich Juden, Christen und Muslime unter einem Dach befinden. Ein Haus des Gebets und der interdisziplinären Lehre. Ein Ort der Begegnung, um auch voneinander zu lernen und sich nicht gegeneinanderzustellen.

Jetzt zu einem anderen Thema: In China, im Iran, in Russland bäumen sich immer mehr Menschen gegen das Regime auf. Vor allem Junge rebellieren in Staaten, in denen das früher fast als ausgeschlossen galt. Sie fordern den Sturz der Führung. Ist das Demokratie, was hier beginnt? Welche Chancen haben diese Bewegungen? Und was sollte der Westen tun, um die Rebellierenden zu unterstützen?

Es ist schwierig, hier erstens grundsätzlich Maßnahmen und dann in den einzelnen Ländern eine spezielle Lösung zu finden. Es ist jedenfalls nicht klug, wenn der Westen als eine Art Heilsbringer auftritt. Wichtig ist, dass auch durch die Digitalisierung große Aufmerksamkeit geschaffen wird. Zum Beispiel bei den Iran-Protesten, wo durch Social Media vieles verbreitet werden kann und Iranerinnen ja auch darum bitten zu sehen, was vor Ort tatsächlich geschieht, dem Regime sozusagen auf die Finger zu schauen, sodass es sich ertappt fühlt. Solidarität zu zeigen ist wichtig und hilft sicherlich den Menschen, die dort auf die Straße gehen. Aber ich weiß nicht, ob man anderen die Revolution abnehmen kann. Die ja von innen kommt, aber man kann Zeichen und Taten der Solidarität setzten.

Da helfen die Sozialen Medien?

Ja und nein. Sie haben natürlich ihre Stärken, aber auch ihre Schwächen. Man stumpft auch ab, wird ständig mit Informationen – wichtigen und nebulosen – überladen. In der kurzen Zeit, in der man sich die Frühnachrichten ansieht, wird man vollgestopft mit Guten-Morgen-Tee, Yoga, Massaker in der Ukraine, Make-up-Tipps, Iran-Protest etc. Natürlich ist man immer wieder tief erschüttert, aber man hat nicht den ganzen Tag dieselbe Kurve der Betroffenheit, wird etwas abgestumpft und irgendwie liegt das Banale oft so nah.

Die Welt ist aus den Fugen. Wie kannst du einen Skeptiker wie mich trotzdem von Mut, Hoffnung und Zuversicht überzeugen?

Man kann nicht nur jemandem gut zureden, das muss in dem Menschen schon vorhanden sein. Da muss ich jetzt „Herr der Ringe" zitieren: Es sind die vielen kleinen Dinge, die kleinen Wunder. Wo lege ich meinen Fokus hin, sodass ich nicht nur das Schlechte sehe? Es gibt im Schlimmsten immer auch etwas Gutes. Da fällt mir ein Zitat von Hannah Arendt aus „Über das Böse" ein, das mir sehr geholfen hat, als der Ukraine-Krieg begann: „Das große Geheimnis ist nicht das Böse, sondern die Frage, warum es unter den schlimmsten Umständen immer noch Einzelne gibt, die sich nicht nur dem Mittun verweigern, sondern Leib und Leben aufs Spiel setzen für Zweck und Ideen, die wir summarisch das Gute nennen."

Hannah Arendt ist natürlich nicht zu toppen, aber ich möchte einen weiten Sprung machen und etwas breiter werden. Ich zitiere Herbert Grönemeyer aus seinem ersten neuen Lied, das er nach drei Jahren geschrieben hat: „Deine Hand":

Hoffnung ist gerade so schwer
Zu finden
Ich suche sie
Und plötzlich spür' ich …
Deine Hand gibt mir
Den Halt, den ich so dringend brauch'.

Sehr schön. Darauf kontere ich dir mit einem Satz, den man Luther zuschreibt: „Wenn ich wüsste, die Welt geht morgen unter, würde ich heute noch ein Apfelbäumchen pflanzen." Es geht immer um dieses „Ja, trotzdem". Dazu fallen mir die Theologin und Lyrikerin Christina Brudereck, die zu Corona das Büchlein „Trotzkraft" herausgegeben hat, oder Jürgen Moltmann ein, ein christlicher Theologe, der sehr von Ernst Bloch und „Das Prinzip Hoffnung" geprägt war und gesagt hat: „Woher kommt meine Hoffnung? Aus der Exodus-Erfahrung."

Hoffnung und Liebe. Da darf ich jetzt kontern. Mit Alfred Adler, dem Begründer der Individualpsychologie; er ist überzeugt: „Alle menschlichen Verfehlungen sind das Ergebnis eines Mangels an Liebe." Wie versuchst du als Pastorin, Liebe zu vermitteln?

Liebe ist auch immer der Fokus meiner Predigt, wenn ich sage „Gott ist Liebe". Das ist für mich der schönste Bibeltext im Neuen Testament: „… wenn ich alle Glaubenskraft besäße und Berge damit versetzen könnte, hätte aber die Liebe nicht, wäre ich nichts." Das ist die Quintessenz der Botschaft. Liebe, die so groß ist und über den Tod hinausgeht und diese Auferstehungskraft in sich hat. Liebe sollte aber nicht nur Worte sein, nicht nur ein romantischer Begriff, sondern eine Haltung. Eine Haltung, die alles hofft.

Lass uns von der Liebe einen weiten Sprung machen. Zum Thema Klima: Wir führen dieses Gespräch im Februar 2023, wenn dieses Buch – hoffentlich von vielen Menschen – gelesen wird, wird die Situation nicht weniger dramatisch sein. Im Gegenteil. Mehr als 40 Wissenschaftler haben sich erstmals mit den Klima-Aktivisten solidarisch erklärt. Gibt es bei diesem Thema für uns alle nur mehr eine Richtung?

Heute, am Beginn des Jahres 2023, würde ich sagen, absolut, und mich mit den Klimaaktivistinnen solidarisieren. Dass ich mich als Pastorin hinter den Gedanken stelle – nämlich den Erhalt und die Pflege der Schöpfung –, ist selbstverständlich. Wir sind doch alle täglich, mit allem, was wir tun, Teil dieses Problems. Ja, ich finde, man muss sich positionieren, und zwar grundsätzlich für den Erhalt der Schöpfung. Nicht nur um des Erhaltens willen, sondern weil auch so viele Menschenleben betroffen sind, weil Armut und Reichtum so falsch verteilt sind. Überleben darf doch nicht monetäre Gründe haben.

Du bist also der Meinung, die Zeiten braver Pro-Klima-Proteste sind vorbei, es muss radikaler an die Sache herangegangen werden?

Es muss ein gewaltfreier Widerstand bleiben, aber die Dinge müssen verdeutlicht und plakativer dargestellt werden. Noch nie hat man so drastisch gesehen, wie sich das Klima verändert.

Es gibt Untersuchungen, die manifestieren, dass, um die biologische Vielfalt zu bewahren, fast ein Drittel des Planeten unter Schutz gestellt werden müsste. Die wichtigsten Faktoren, die die Erde an ihre Belastungsgrenze bringen, sind Überdüngung und Verlust der Artenvielfalt. Der Erde droht das sechste Massenaussterben der Geschichte, ein dramatischer Verlust von Lebewesen und Ökosystemen, der ähnlich fatale Folgen wie der Klimawandel haben könnte und mit diesem zusammenhängt. Anders als in früheren Zeitaltern sind diesmal nicht Vulkanausbrüche oder Asteroid-Einschläge die Ursache – Schuld trägt allein der Mensch.

Ich bin in einer Frömmigkeit aufgewachsen, in der Schuld- und Sühne-Bewusstsein stark verankert waren. Schuld war für mich als Kind immer mit einem unguten Gefühl verbunden. Wenn ich diese grauenhaften Fakten jetzt höre, geht es mir ähnlich. Sünde bedeutet ja – wortwörtlich übersetzt –, das Ziel zu verfehlen und genau das trifft hier im wahrsten Sinne des Wortes zu: Wir haben das Ziel ganz eindeutig verfehlt. Die Menschheit braucht daher ganz dringend etwas Übergeordnetes wie Liebe, Hoffnung, das sich dem entgegensetzt und auch Vergebung braucht. Und man muss sich auch die Frage stellen, wo sind die Hauptakteure für diese Zerstörung? Jedenfalls sind das nicht jene, die die Klimakatastrophe am stärksten treffen wird, nämlich die Ärmsten. Fest steht, dass der Auftrag für die Menschheit war, die Erde zu bewahren, und der gilt immer noch. Ich habe die Hoffnung, dass man sich dessen in letzter Konsequenz noch bewusst wird …

… vor allem muss auf politischer Ebene endlich und endgültig reagiert werden. Denn – und das kommt ja noch dazu – Naturzerstörung und Klimawandel könnten innerhalb von drei Jahrzehnten bis zu 700 Millionen Menschen zur Migration zwingen, meint die Nachhaltigkeitsexpertin Akanksha Khatri. In Hinblick auf das Zusammenleben der Menschen eine wirklich dramatische Situation.

Zumal ja niemand freiwillig flieht – das darf man nie vergessen.

Aber der Mensch wird keine andere Chance haben, als weiterzuziehen. Der Hunger wird ihn weitertreiben: Eine

Million der acht Millionen Tier- und Pflanzenarten sind global vom Aussterben bedroht. Wo natürliche Systeme zusammenbrechen, wo in den Meeren Fischbestände kollabieren, wo an Land der Boden und seine Organismen, die Pflanzen und deren Bestäuber schwinden, verliert die Erde die Fähigkeit, Nahrung zu produzieren. Meeresregionen und Landstriche werden verwüstet werden und verarmen. Ist es nicht längst fünf nach 12?

Ja, es ist sehr spät. Aber wichtig ist auch, die Hoffnung nicht zu verlieren und immer noch an etwas zu glauben, das uns helfen kann. Sei es die Digitalisierung, die hilft, dass man zum Beispiel die Aufmerksamkeit bei den Umweltprotesten hat, und auch die Kollektiverfahrung der Pandemie, während der man bemerkt hat, dass wir alle in einem Boot sitzen. Auch wenn die einen ein wesentlich schöneres und größeres Boot hatten und haben als die anderen. Auch hier liegt für mich – bei all dem Leid, das Menschen dabei erfuhren – Hoffnung. Und ich erkenne auch die Veränderungen, auch wenn man genau hinschauen muss, ob es sich um sogenanntes „Greenwashing" handelt. Aber die Supermärkte verändern sich, wo das Kaufverhalten sich ändert. Das mag nur ein kleines Beispiel sein.

Hast du auch Hoffnung für die nächsten Generationen?

Ja. Man muss handeln, aber auch hoffen. Und schon wieder bin ich bei Luther angelangt: „Wenn die Welt morgen untergeht, dann pflanze ich noch heute ein Apfelbäumchen."

Wie stehst du als junge Frau zu dem Thema Kinder? Kann man in diese Welt überhaupt noch Kinder setzen?

Natürlich bin ich hier befangen, weil ich einen Kinderwunsch habe. Für mich ist die Tatsache, dass

Menschen heute Kinder bekommen, auch ein Zeichen der Hoffnung.

Also Apfelbäume und Kinder in die Welt setzen?

Genau. Die Hoffnung zum Leben und Leben-Weitergeben darf man haben.

Wenn du einmal ein Kind haben wirst, was würdest du ihm sagen, was wirklich wichtig im Leben ist?

All die Offenheit und Neugierde weitergeben, die mir möglich ist. Mit dem Fokus auf Nächstenliebe und auf Urvertrauen mit Wurzeln und Flügeln. Ich glaube, dass man vieles mitgeben kann, indem man es vorlebt.

Das heißt, du wirst dich auch an der Erziehung deiner Eltern orientieren.

Da kommt niemand drum herum, ob man seine Kinder ähnlich wie seine Eltern erzieht oder versucht, genau das Gegenteil zu machen …

Kehren wir zum Glauben zurück. Vor mehr als 60 Jahren hat sich die katholische Kirche in Rom zum Zweiten Vatikanischen Konzil versammelt. 2540 Bischöfe, Kardinäle und andere hohe geistliche Würdenträger. Papst Johannes XXIII. berief das Konzil ein, um pastorale und ökumenische Erneuerung zu fordern: eine Kirche, die sich der Welt öffnet. Der Papst wurde damals im Oktober 1962 noch wie ein mittelalterlicher Kirchenfürst in einer Sänfte von zwölf Männern zum endlos langen lateinischen Eröffnungsgottesdienst getragen. Sollte mit solchen Schauspielen nicht endlich Schluss sein und ist die Kirche tatsächlich liberaler geworden?

Man sollte grundsätzlich zwischen dem Glauben an Gott und dem Glauben an die Kirche unterscheiden.

Die Kirche ist nicht die Tür zu Gott

Ist die katholische Kirche nicht Vertreter Gottes auf Erden?

Jetzt bin ich keine Katholikin. Aber soweit ich weiß, empfindet sie sich als Mittlerin. Streng katholisch gesehen, als alleinige Mittlerin, die sagt: In den Himmel kann nur kommen, wer katholisch ist. Das sehe ich als Baptistin grundsätzlich anders: „Was zwischen dir und Gott ist, ist in deinem Herzen und steht nicht unter unserer Beobachtung." Kirche ist der Ort, wo man sich versammelt, aber sie ist nicht die einzige Tür zu Gott oder ins Paradies.

Papst Franziskus hat in seiner Umweltenzyklika „Laudato si'" Neoliberalismus, Ausbeutung und Verbrechen an der Schöpfung anprangert und zu einem nachhaltigen Lebensstil aufgerufen. Die Kernaussage seiner mutigen Meinungsäußerung: Der Kampf gegen weltweite Armut und Umweltzerstörung gehören untrennbar zusammen. Bei Sätzen wie diesen könnte man fast Katholik werden …

Auf dieser Ebene kann ich ihm nur zustimmen. Als er zum Papst gewählt wurde, hat eine Kollegin zu mir gesagt: „Papst Franziskus ist fast zum Katholisch-Werden." Wenn es allerdings um die Reproduktionsrechte der Frauen geht, habe ich ehrlich gesagt ein großes Problem, denn was er sagt, das ist für einen großen Teil der Menschen maßgeblich.

Karl Schwarzenberg, aus einem der berühmtesten Adelshäuser der Monarchie, der während des Kommunismus den Dissidenten Václav Havel unterstützte, sein Kanzler wurde und später Außenminister der Tschechischen Republik, sagte in einem Interview zu seinem 85. Geburtstag: „Ich habe keine Angst vor vollen Moscheen im Land, wohl aber fürchte ich mich vor den leeren Kirchen."

Ich komme aus einer Erfahrungswelt, die versucht, auf die eigenen christlichen Traditionen kritisch zu schauen und nicht zu sagen, wir sind die Einzigen, die Guten und die Richtigen. Da muss ich etwas ausholen: Wenn man davon ausgeht, dass volle Kirchen auch einen Donald Trump und einen brasilianischen rechtsradikalen Jair Bolsonaro, der den brasilianischen Regenwald abholzen ließ, hofierten, bezweifle ich, ob volle Kirchen wirklich die Antwort auf alles sind. Auch zu Hitlers Zeiten waren die Kirchen voll. Natürlich hoffe ich nicht, dass ein christlicher Geist, der von Nächstenliebe geprägt ist, verloren geht. Auch ich predige lieber vor einem vollen Haus, aber ein Qualitätsmerkmal an sich ist es nicht. Vielleicht wären viele kleine Kirchen gesünder.

Wir erleben spannende Zeiten der Online-Welt, in der bald kaum mehr zu unterscheiden sein wird, ob es sich um einen Avatar oder einen Menschen handelt. Künstliche Intelligenz revolutioniert wie wir leben und arbeiten. Selbstfahrende Autos, Kameras, die Gesichter identifizieren, Algorithmen, die unsere Einkaufsgewohnheiten und Lieblings-Serien erahnen. Macht dich das unruhig oder kannst du damit gut umgehen?

Ich hoffe, damit umgehen zu können, und ja, es macht mich unruhig. Natürlich habe ich auch Spotify und Netflix und freue mich, dass der Algorithmus seine Sache meist gut macht. Mich beunruhigt hingegen maximal, wie Algorithmen, aufgrund deren Information ich in eine Richtung gelenkt werde, diese Bubbles bestimmen und ich mich daraufhin radikalisiere oder zumindest so geprägt werde, dass ich den Blick in eine andere gesellschaftliche Schicht verliere. Mich beunruhigt auch, wie unkonzentriert ich bin, weil ich alles sofort sehen und hören will.

Wer füttert die Maschinen der Zukunft mit Wissen? Nicht nur Entwickler im Silicon Valley, nicht nur Firmen wie Google und Facebook sammeln zu diesem Zweck Milliarden von Bildern, Videos und Sprachdaten, sondern auch Menschen in Niedriglohnländern speichern die Maschinen mit Daten. Auf den Philippinen, in Indien und Kenia: Damit ein Computer die Welt versteht, muss sie ihm zunächst jemand erklären: Algorithmen erkennen bei riesigen Datenmengen Muster und Gesetzmäßigkeiten – sie lernen, eigene Schlüsse zu ziehen. Damit müssen wir wohl leben.

Ja, aber nur skeptisch zu sein, bringt uns auch nicht weiter. Meine Hoffnung ist, dass man es irgendwann so satt hat und wieder den persönlichen Kontakt, wieder zwischenmenschliche Erlebnisse sucht. Dass man wieder richtig fühlen, schmecken und hören und berührt sein will. Es werden auch die psychischen Erkrankungen zunehmen, weil sich die Menschen immer stärker isolieren und nur mehr auf das kleine Gerät vor sich schauen. Das zeigt schon die Körperhaltung. Dieses gebückt nach unten Schauen signalisiert uns das doch: Ich bin traurig.

Man wird bald zwischen guten und bösen Maschinen unterscheiden: Künstliche Intelligenz wird für viele gute Zwecke genutzt, bietet aber auch extremes Missbrauchspotenzial. Hast du Angst davor?

Ich habe deswegen keine schlaflosen Nächte und man darf nicht nur pessimistisch durch die Gegend laufen, aber man muss wachsam und aufmerksam bleiben. Wie sagte doch Mark Twain: „In meinem Leben habe ich unvorstellbar viele Katastrophen erlitten. Die meisten davon sind nie eingetreten." Allerdings ist Künstliche Intelligenz bereits eine Realität. Ich hoffe, dass sie dem Guten dient. Es gibt so ein altes Wort: Besonnenheit. Zugegeben, das ist jetzt auch nicht gerade meine Kernkompetenz. Aber das würde ich mir wünschen: einen besonnener Umgang damit. Auch wenn ich in derselben Sekunde denke: Das glaubst du doch selbst nicht, dass das klappt …

Mit dem Autopiloten durchs Leben schlittern

Zumeist fehlt es bei der künstlichen Intelligenz noch an Bestimmungen, wie mit den massiven Möglichkeiten umgegangen werden soll. Innerhalb weniger Jahre wurde künstliche Intelligenz auch zu einem wichtigen Helfer in der Wissenschaft. Vor allem auch in der Medizin. Trotz aller technischen Fortschritte gab es aber auch Pleiten, Pech und Pannen: Mit dem Tesla-Autopiloten kam es in nur drei Monaten zu 474 Unfällen, bei denen zwölf Menschen ums Leben kamen. Obwohl Elon Musk behauptete, dass der Autopilot „wahrscheinlich besser sei“ als der Mensch am Steuer. Sind wir digitalen Diktatoren wie Elon Musk ausgeliefert?

Wahrscheinlich. Dazu gehören aber auch wir, die wir Diesel-Autos fahren. SUVs sind derzeit auch nicht wirklich zu empfehlen. Bei Elektroautos muss man sich auch fragen, wie umweltfreundlich sie wirklich sind. Für eine signifikante Verbesserung des Autoverkehrs wird es große Konzepte brauchen. Dafür reicht es nicht, Parken teurer zu machen. Wien ist ein gutes Beispiel dafür, da ist die Infrastruktur so gut, dass man jederzeit auf sein Auto verzichten kann. Bezahlbare oder kostenlose öffentliche Verkehrsmittel wären eine große Hilfe.

Nicht alles hat sich durchgesetzt. Zum Beispiel der Sprachassistent Alexa entwickelte sich zu einem Flop. Das Geschäft, das es gewesen wäre, nämlich Shopping per Sprachbefehl, wurde nicht zum Erfolg …

… und bringt Gott sei Dank oft eine Gegenbewegung mit sich. Ich denke nur an die „Unverpackt-Läden". Das lässt wiederum die Hoffnung zu, dass nicht alles nivelliert wird.

Man kommt ja immer wieder in Situationen, wo manche Wiener sagen würden: „Die Welt steht nicht mehr lange" oder, um Nestroy zu zitieren: „Der Komet muss kommen." Noch in diesem Jahr will Elon Musk Chips in menschliche Gehirne pflanzen lassen, die dann Signale an den Computer übertragen sollen.

Daran zweifeln aber auch viele Wissenschaftler und fragen sich, ob Musk nicht nur Aufmerksamkeit erregen will. Aber wahrscheinlich wird es irgendwann so weit sein. Mir ist der Gedanke unangenehm, mein jüngerer Bruder hingegen findet das alles sehr spannend und hätte nichts dagegen, sich einen Chip einpflanzen zu lassen. Mich irritieren schon Autos, die dir sagen, welche Spur man zu halten hat. Diese Kontrolle, diese Entmündigung, die hinter all dem steckt, finde ich schrecklich.

Das Leben als ewiges Wunder

Lass uns über die Zukunft der Menschheit sprechen. Kriege, Konflikte, der Klimawandel sowie die Folgen der Corona-Pandemie verschlimmern die Hunger-Tragödie immer mehr. Die „Wiener Tafel" arbeitet am Limit, der Ansturm der Bedürftigen ist kaum zu bewältigen. Hast du eine Idee, wie man dieser Armut künftig begegnen kann oder wie die Kirche ihr begegnen sollte?

Es gibt viele – auch sehr unbekannte – Projekte der Kirche. Bei denen sehr viel Hilfe geleistet wird, Menschen aufgefangen werden – und das wird meist gar nicht an die große Glocke gehängt. Problematisch finde ich dabei nur, dass der Staat, zumindest kenne ich das aus Deutschland, viel zu sehr auf diese Hilfen baut und das eigene soziale Engagement dadurch zurückschraubt, indem man davon ausgeht, dass die Kirche sowieso helfen muss. Hilfe gegen die Armut kann nur Hand in Hand gehen. Dennoch begrüße ich natürlich alle Schulterschlüsse, die sich gegen Armut und Ungerechtigkeit einsetzen. Und Kirche sollte niemals nur zum Selbstzweck da sein. Dabei gehören Spiritualität und gelebte tätige Nächstenliebe zusammen.

Du glaubst es mir vielleicht nicht, aber ich bin ein sensibler Mensch …

… doch, doch, das glaube ich dir …

… ich habe von einem Tag auf den anderen kein Fleisch mehr gegessen, weil mir die Tiere so leidgetan haben. Meine Frau hat mir drei Tage ohne Fleisch zugetraut. Ich habe es dann 300 Tage lang geschafft. Danach bin ich wieder auf meine alten Pfade zurückgekehrt. Doch das Tierleid ist immer in meinem Kopf. Transporte quer durch Europa, Spaltböden und all die vielen schrecklichen Dinge, die Tieren angetan werden. Supermärkte verschleuderten ein Kilo Hühnerfleisch um weniger als drei Euro. „Ross 308" heißt das mit Antibiotika hochgezüchtete „Superhuhn", das den Markt global dominiert. Die Organe halten mit der Turbo-Zucht nicht mit. Das macht die Hühner anfällig für Missbildungen und Verletzungen. Drei bis vier Prozent der Tiere überleben die Mast nicht – ein finanziell einkalkulierter Abgang … Isst du Fleisch?

Immer mit schlechtem Gewissen. Denn es steht ja fest, dass die humanitär beste Variante wäre, sich vegetarisch oder vegan zu ernähren. Die biblischen Schöpfungserzählungen beziehungsweise archetypischen Sinnbilder sind auch auf vegetarische Speisen angelegt. Trotzdem gibt es in der Bibel Fleisch- und Fischkonsum. Allerdings in Maßen. Damals konnte man sich Fleisch und Fisch auch nur ab und zu leisten. Jetzt sind wir zum ersten Mal in unserer westlichen Gesellschaft so weit, dass Fleischkonsum billiger ist als vegetarische Nahrungsmittel. Dass hier ein Umdenkprozess stattfinden muss, ist natürlich wichtig – daher mein schlechtes Gewissen, auch wenn ich Fleisch esse.

Seit Jahren hat mich kaum etwas so berührt wie der Fernsehfilm über jene Affen, die nach zehn Jahren Gefangenschaft für Tierversuche das erste Mal in ihrem Leben ins Freie durften. Blicke der Angst, der Verzweiflung und dann doch der Freude. Mehr als 1500 Affen sterben jährlich in Deutschland bei Hirnversuchen wie im „Zentrum für Kognitionswissenschaften" an der Universität Bremen. Die Makaken sind – bis zu sechs Stunden täglich – in engen Plexiglaskästen eingepfercht und müssen am Computerbildschirm Aufgaben lösen. Ihre Schädeldecke ist geöffnet und ein Bolzen in den Schädelknochen zementiert. Operativ eingesetzte Elektroden registrieren die Hirnströme der Affen. Um sie zur Mitarbeit zu zwingen, lassen sie die Neurobiologen fast verdursten. Man gibt ihnen nur tröpfchenweise Flüssigkeit, wenn sie ihre Aufgaben richtig lösen. In welcher Zeit leben wir?

In einer schlimmen. Es ist einfach nur furchtbar.

Wem gehört unser Leben? Und wer entscheidet über unseren Tod? Ist die Selbstbestimmung am Ende unseres Lebens legitim? Viele Menschen sagen: „Aktive Sterbehilfe von Verwandten ist für mich Mord."

Das ist eine der schwierigsten ethischen Fragen, die es überhaupt zu beantworten gibt. Als junges Mädchen fand ich es sehr aufregend, Dietrich Bonhoeffer zu lesen, später kam der Theologen Jochen Klepper dazu, der das Lied geschrieben hat: „Er weckt mich alle Morgen." Klepper war mit einer Jüdin zusammen, und als die Tragödie der Judenverfolgung durch die Nazis näher rückte, haben die beiden

Suizid begangen. Als Teenager habe ich das damals gut verstanden. Das war das erste Mal, dass in mir etwas aufgebrochen ist, was diese Frage betraf. Du darfst nicht vergessen, in der kirchlichen Sozialisation, in der ich aufgewachsen bin, war Selbstmord ein Tabu. Jetzt bezieht sich das Beispiel auf eine bestimmte Situation. Nicht nur das Leben, sondern auch das Sterben und auch die Frage nach einem Suizid hat ja unendliche Facetten. Heutige Debatten beziehen sich häufig auf schwerkranke Menschen, die den Wunsch haben, von ihren Leiden und Schmerzen erlöst zu werden. Aus aktueller Perspektive ist das schwierig, weil ganz andere medizinische Möglichkeiten vorhanden sind, die ja das Leben deutlich verlängern können, wofür ich grundsätzlich dankbar bin. Gleichzeitig herrscht in mir eine enorme Unsicherheit, ob es beispielsweise richtig ist, gegen den Willen von Menschen, die Schmerzen leiden, lebenserhaltende Maßnahmen zu unternehmen. Ich bin dankbar für Kolleginnen, die sich in diesem Bereich spezialisiert haben. Ich stehe da bei vielen Fragen noch am Anfang. Beziehungsweise habe ich mit meiner klinischen Seelsorgeausbildung einen Grundstock gelegt, an dem ich gern noch weiterarbeiten möchte. Diese schult Menschen für die Begleitung in Seniorenheimen, Krankenhäusern und im Hospiz. In der Ausbildung ging es auch um „Sterbefasten" und andere palliative Maßnahmen. Ich finde, dass eine Selbstbestimmung nötig und möglich sein muss. Gleichzeitig spüre ich dieses Ja zum Leben. Und mit dieser Lebensbejahung spüre ich, was ein Mensch erleiden muss, um das Leben selbst zu beenden. Wie furchtbar müssen die Umstände sein? Dabei befällt mich ein großes Mitgefühl. Ich weiß nicht, ob es pauschale Antworten auf die Frage gibt, ich weiß aber, dass ein erhobener kirchlicher Zeigefinger oder gar die

Androhung einer göttlichen Strafe nicht hilft, sondern eine zusätzliche Belastung, wenn nicht sogar eine Grausamkeit darstellt. Meine Sorge, die andererseits hinter einer Liberalisierung von Gesetzeslagen steckt, ist der Blick auf eine Zukunft, wenn man an unsere ökonomischen, kapitalistischen Strukturen denkt. Ab wann ist ein Menschenleben nichts mehr wert?

Ich habe vor Kurzem den Film „Hin und weg" gesehen, der mich sehr berührt hat. Da fährt ein junger unheilbar krebskranker Mann mit seinen Freunden und seiner Mutter nach Belgien, um dort den Freitod zu wählen. Wenn man sieht, mit welcher Ruhe, fast Hingabe der Schauspieler diese Rolle verkörpert, glaube ich, dass das eine Hoffnung für Menschen sein kann, die in einer ähnlichen Situation sind ...

Ich kann mir vorstellen, dass allein diese Möglichkeit zu haben, Menschen Kraft gibt. Aktiv etwas zu tun bringt einen aus der Sackgasse, aus der Ohnmacht des Nichtstun-Könnens heraus. Das kann zum Freitod oder darüber hinaus führen. Nur Verbotsschilder aufzustellen, bringt nichts – aber trotzdem muss man genau hinschauen.

Der Freitod als Privileg des Humanen

„Der Freitod ist ein Privileg des Humanen", sagte der Schriftsteller und Widerstandskämpfer Jean Améry. Auf dem namenlosen Grabstein liest man die Ziffer 172364. Seine Nummer im KZ von Auschwitz. Die Selbsttötung, meint er, sei für ihn die radikalste Form der Freiheit: Am 17. Oktober 1978 ist ein grauer, düsterer Tag in Salzburg. Auf dem Tisch liegt das Geld für die Zimmerrechnung. Und ein Brief an die

„Österreichischer Hof"-Hoteldirektion mit einer Entschuldigung für die Unannehmlichkeiten, die er dem Hause bereitet. Auf einem Notizzettel „An die Polizei" hält der Gast fest, dass er freiwillig und bei bester geistiger Gesundheit seinem Leben ein Ende bereite. Améry hat sich – nach mehreren Verschiebungen und Versuchen – für die Selbsttötung entschieden. Findest du nicht, dass die Möglichkeit des Freitods bestehen muss? Man kann bei diesem Tod doch nicht von „Mord" sprechen, oder?

Du hast recht, auch ich gebrauche das Wort Selbstmord und sollte das Wort Freitod zu meinem Sprachgebrauch machen. Es entzieht sich auch nicht der Tragödie, die dahintersteht. Ob es Auschwitz oder welches dramatische Ereignis auch immer ist, sei es eine Depression oder eine psychische Erkrankung, darauf gibt es keine finale Antwort. Fest steht, dass es keinen extra Schuldumhang Gottes gibt, wenn sich ein Mensch für den Freitod entscheidet. Man sündigt dadurch nicht gegen Gott – so wie das früher formuliert wurde. Diese Tragödien mit einem strafenden Gott und einer Beerdigung außerhalb der Friedhofsmauern zusätzlich aufzuladen, finde ich furchtbar lieblos.

Wird das immer noch so gehandhabt?

Ich denke, da sind inzwischen doch die meisten Kirchen sehr viel weiter. Ich hoffe und weiß, dass viele meiner Kolleginnen sensibler mit diesem Thema umgehen. Allgemein beobachte ich, dass sich in der Trauer- und Bestattungskultur einiges verändert. Trauer und Begleitung dürfen wieder mehr Raum einnehmen. Was ich sehr tröstlich finde.

Wenn wir über den Tod sprechen, noch eine Frage. Für mich gibt es zwei Möglichkeiten, sich dem Tod zu nähern. Entweder verdrängt man ihn oder stellt sich der Tatsache bewusst. Wer hat es deiner Meinung nach im Angesicht des Todes leichter?

Dafür gibt es kein Rezept. Meiner Erfahrung nach entwickeln die Menschen angesichts des Todes eigene Kräfte, damit umzugehen. Aber es ist immer sehr individuell. Da ist die Frage: „Hat man Schmerzen?", „Kann man auf ein sattes, reiches Leben zurückblicken?" und Menschen mit einem starken Glauben – wie zum Beispiel meine Großmutter – haben oft eine Jenseits-Hoffnung. Sie hoffen nach einem entbehrungsreichen Leben, dass es dort besser wird. Das ist ein Gefühl, das sehr stark trägt. Menschen, die loslassen können, sind oft glücklich, zu gehen. Dennoch glaube ich, dass es, auch wenn es sich vielleicht komisch anhört, guttut, sich mit dem Tod zu beschäftigen. Ihn nicht zu verdrängen. Der Tod ist auch ein guter Lehrer für die Frage, was wirklich wichtig ist im Leben. Pathetisch gesprochen, was wird mir am Sterbebett wohl wichtig sein, wenn ich zurückschaue?

Kann man sich auf diesen End-Moment, auf den Tod, zu Lebzeiten einstellen oder vorbereiten?

Man kann sich ein inneres Zuhause bauen, in dem man Trostpunkte, Erinnerungen und auch Dankbarkeit empfindet. Für dieses Gefühl kann man sich öffnen, aber auf den tatsächlichen Moment kann man sich nicht vorbereiten. Eine grundsätzliche Einstellung zum Leben trägt einen in diesen Moment hinein …

Wenn du eine Predigt vor sterbenden, todkranken Menschen halten würdest, was wäre die Kernaussage?

Ich glaube, ich würde diese Predigt nur halten, wenn ich im Vorfeld etwas über die Hörerschaft wüsste, ein wenig mit diesen Menschen vertraut bin. So wie ich bei einer Hochzeit auch etwas über das Brautpaar wissen möchte, mit ihnen reden, ihnen zuhören … Dann würde ich in dieser Predigt unbedingt Hoffnung vermitteln – ohne das Leid zu negieren.

Und wie wäre die Predigt, die du einem glücklichen Brautpaar halten würdest?

Ich mag Hochzeiten sehr gern.

… wie wird denn deine Hochzeit sein?

Lustig, hoffentlich. Mit viel guter Musik und Wein. Aber zurück zu der Hochzeit der anderen. Ich führe immer sehr intensive und ausführliche Gespräche mit dem Paar. Ich will so viel wie möglich über sie wissen, über ihre persönlichen Vorlieben und auch ihre Liebesgeschichte. Dann suche ich aus den Biografien die Anknüpfungspunkte der beiden. Bei religiösen Paaren zitiere ich dann natürlich auch die Bibel. In jedem Fall wünsche ich ihnen zusammenzuwachsen, ohne zusammenzuwachsen …

Dazu habe ich ein schönes Beispiel von einem Gärtner, der zwei Bäume ziemlich weit voneinander entfernt gepflanzt hat. Ich hab ihn gefragt, „Warum setzen Sie die Bäume so weit auseinander?“– „Das ist wie bei zwei Menschen, die zusammenleben: Es muss dazwischen Raum für jeden Einzelnen sein.“ In den vielen Stunden unserer Gespräche haben wir über bewegende und viele ernste Themen gesprochen, lass uns die Hoffnung nicht aufgeben ….

Nein, wir pflanzen heute noch ein verbales Apfelbäumchen.

Überall auf der Welt spielen Experten ein Schreckensszenario durch, sogar in Österreich. Wie gut ist man auf Stromausfall, Blackout oder Cyberattacken eingestellt? Naturkatastrophen, technisches oder menschliches Versagen, Sabotage und Cyberangriffe auf die IT-Infrastruktur der Stromnetze können unser Leben plötzlich finsterer werden lassen. Auch für längere Zeit. Die Wahrscheinlichkeit eines Blackouts in Europa in naher Zukunft ist – laut Experten und Politikern – sehr groß: „Für Putin sind Hackerangriffe auf die westliche Stromversorgung ein Mittel der hybriden Kriegsführung." Macht dir das Angst?

Dieses Thema wird medial sehr gehypt. Vom Naturell her bin ich nicht jemand, der zu horten beginnt, wenn er von solchen Szenarien hört. Natürlich denke ich mir manchmal, naja, ein paar Kerzen mehr schaden nicht. Aber Angst? Weniger, was mein Leben betrifft, als vor anarchischen Auseinandersetzungen oder dem Zusammenbrechen von Infrastrukturen in Krankenhäusern, Pflegeheimen etc. Es ist ein Szenario, das ich mir nicht bis ins kleinste Detail ausmalen will …

Man glaubt ja, dass ein Drittel der Menschen spätestens am vierten Tag eines Stromausfalls nicht mehr in der Lage wäre, sich selbst zu versorgen.

Es ist ein auch Geschäft mit den Ängsten. Bei Amazon kann man sicherlich um ein paar Hundert Euro ein Notfall-Paket kaufen.

Der Philosoph Epikur war überzeugt, es kommt auf unser Sozialleben an, auf die Freude an kleinen Dingen und die innere Souveränität, sich von schlechten Gefühlen freizumachen. Wie empfindest du Glück?

Epikur war wirklich cooler, als seine Zeitgenossen meinten. Ich würde vieles davon unterschreiben, aber finde, Glück heißt schon, dass schlechte Gefühle wie beispielsweise Trauer auch in Glück integriert sein können. Man sollte schlechte Gefühle nicht verneinen oder negieren. Glück ist größer, wie ein Regenbogen, und hat unterschiedliche Schattierungen. Ich erinnere mich an eine Reise in Honduras, wo ich bei einer Fahrt durch den Dschungel plötzlich so glücklich war, als hätte mir jemand einen Schuss gesetzt. Ein überströmendes Gefühl. Diese Form kann man sich nicht bauen oder wünschen. Das sind Momente, die sich einfach ereignen, „Sternsekunden", die einen überfluten. Trotzdem kann man auch üben glücklich zu sein, indem man sich an einer schönen Blume erfreut, das Essen genießt oder Ähnliches.

Viele Menschen stellen sich Fragen nach dem Sinn des Lebens, dafür gab es im Mittelalter noch eine klare Ansicht: „Lebe so, wie Gott es dir vorschreibt." Heute wird uns diesbezüglich weniger vorgeschrieben, daher sind wir Suchende, wir müssen uns den Sinn für unser Leben selbst geben, oder?

Ich würde sagen, Sinnsuche hat zu allen Zeiten eine Rolle gespielt. Im Mittelalter vielleicht rigider, aber damals hat auch Martin Luther schon gefragt: Was ist denn ein barmherziger Gott und was ist denn Gottes Plan und wo führt er hin? Ich kann sagen, dass es für mich sinnstiftend ist, mein Leben in Gott eingewoben zu sehen, aber nicht als Stempel, sondern als eine weiterführende Handschrift. Ich erlebe Sinnsuche nicht als Regelwerk.

Wenn du drei Wünsche frei hättest, was würdest du auf dieser Welt ändern?

So einfach und doch so schwierig zu beantworten. Weltfrieden, dass niemand hungern muss und dass alle nach dem besten Für- und Miteinander streben.

Wie alt willst du werden?

Ich habe noch viel vor und möchte das nicht an eine Zahl binden, aber ich würde noch gern Großmutter werden. Da muss ich mich beeilen.

Gibt es ein Zitat, das dich sehr beeinflusst hat?

Das ist ein bisschen wie vor der Jukebox stehen und einen Song auswählen müssen. Mein Taufspruch aus dem

Buch Jesaia „Fürchte dich nicht, denn ich habe dich erlöst, ich habe deinen Namen gerufen, du gehörst zu mir." Und mein Motto in den letzten Jahren war: „Auf dein Wort hin, das Unmögliche wagen."

Welche drei Bücher haben dich am meisten beeinflusst?

Diese Frage beantwortet man entweder ehrlich oder versucht, durch die Auswahl klüger zu wirken, als man vielleicht ist. Außerdem ist die Erwartungshaltung groß, dass ich als Pastorin sofort mit der Bibel um die Ecke komme. Was sicherlich stimmt, mir aber zu offensichtlich scheint. Dennoch bedeutet mir die erste Lutherbibel, die meine Mutter mir geschenkt hat, als ich vielleicht zehn war, gerade auch als Gegenstand viel. Das erste Buch, das mir aber durch den Kopf schießt, ist „Die unwahrscheinliche Pilgerreise des Harold Fry": ohne Plan, mit einem alten Paar Segelschuhen an den Füßen einmal quer durch England. Vielleicht ist es das Motiv des unerwarteten Aufbruchs, das mich bewegt. Das zweite Buch ist definitiv „Das Abenteuer leben. Mit der Kamera um die Welt" von Deborah Copaken. Das habe ich gelesen, als ich mit 19 in Honduras auf dem Schiff gearbeitet habe. Damals, 2004 jenseits von Travelblogs, war es für mich eine enorme Bestätigung und Ermunterung für das Reisen allein. Dinge zu wagen. Wenn ich darüber nachdenke, war es wirklich ein Schlüsselmoment-Buch für mein Leben. Eines noch … Prägung findet ja zweifelsfrei auch in der Kindheit statt. Und eines meiner Lieblingsbücher als Kind war das vom Schaf Timo. Es war kein Buch mit gemalten Bildern, sondern ein dünnes Heftchen mit Fotos. Die Story-Line war, dass ein kleines Mädchen, dem ich nicht ganz unähnlich sah, ein Schäfchen aufziehen durfte, dessen Mutter gestorben war oder es verstoßen hatte. Ach, wie gern hätte ich auch ein Schäfchen gehabt …

Welche drei Charaktereigenschaften treffen auf dich zu?

Ich hoffe „authentisch", „hoffnungsvoll" und „sich nach dem Besten ausstreckend".

Wie gehst du mit Stress um?

Ich übe gerade. Ich habe mich sehr lange Zeit nicht als gestresst empfunden – auch wenn es stressig war. Neuerdings merke ich jedoch, dass ich gestresst bin, obwohl es gerade gar nicht stressig ist. Mich stresst es, wenn ich andere Menschen enttäusche beziehungsweise das Gefühl habe, sie zu enttäuschen. Meine Professorin hat einmal zu mir gesagt: „Sie müssen als Erstes lernen zu enttäuschen, denn das werden Sie tun und die Fallhöhe wird immer höher, denn der Anspruch an Sie wird groß werden." Heute weiß ich, sie hatte recht.

Und wie kommst du vom Stress wieder runter?

Wenn es zeitlich möglich ist, kann ein Mittagsschläfchen Wunder wirken. Bewusst Musik hören und mich auf diese Stimmung einlassen, hilft mir auch. Außerdem versuche ich meist, lösungsorientiert zu denken und mich bei der Frage einzupendeln: „Und geht die Welt jetzt dadurch unter?" Da sie das nicht tut, wird das Problem ein bisschen kleiner.

Die Schule als Trainingslager der Misserfolge

Wie gehst du mit Misserfolg um – oder hast du keine Misserfolge?

Das Trainingslager der Misserfolge war meine Schule. Die Grundschule war noch gut, aber dann ging's los: Vom ersten Diktat mit 26 Fehlern und der ersten schlechten

Note ging es kontinuierlich so weiter. Erst als ich Jahre später mein erstes Buch geschrieben hatte, wurde aus all meinen Misserfolgen ein Erfolg.

Wie entspannst du dich am besten?

Reisen hilft mir natürlich immer, aber wer kann schon täglich verreisen, um sich zu entspannen? Letzten Endes entspanne ich mich so wie die meisten Menschen: Netflix schauen, manchmal lass ich mich einfach so richtig hängen. Oder ich sitze mit Freunden beim Essen und Trinken zusammen. Und Humor ist ein Vehikel für mich, dadurch komme ich gut über die Runden.

Wo siehst du dich in zehn Jahren?

Als man mir diese Frage vor zehn Jahren gestellt hat, habe ich gesagt: „Costa Rica, drittes Baby." Diese Visionen habe ich heute nicht mehr. Damals hätte ich mir auch nicht gedacht, jetzt hier zu sitzen und mit dir dieses Buch zu machen. Heute bin ich eher für das Motto: „Laufen lassen, schau' ma mal."

Gibt es noch irgendeine Idee, die du unbedingt verwirklichen möchtest?

Sich dem Besten zuzuwenden reicht mir. Ich bin erstaunlich wenig ehrgeizig. Aber es gibt eine vielleicht etwas verrückte Sache. Im deutschen Fernsehen gab es früher eine Sendung „Talkshow Fliege" mit dem Pastor Jürgen Fliege. So ein Gesprächsformat könnte ich mir gut vorstellen. Dafür gäbe es genug Themen. Eines ist natürlich der Tod. Ich möchte auch eine Sterbebegleiter-Ausstellung machen …

… geht das nicht sehr an deine Substanz?

Ja, aber es hilft auch. Als ich im Hospiz gearbeitet habe, wurde mir klar, dass dies nicht nur Orte des Sterbens, sondern vor allem Orte des Lebens sind. Dort erfährt man, was wirklich wichtig ist. Und ich habe erfahren, dass alle

Menschen, die nah am Tod arbeiten, glücklicher sind als jene, mit denen ich beispielsweise im Schokolademuseum zusammengearbeitet habe. Die sind zwar nah am süßen Leben dran, aber deswegen nicht glücklicher.

Wie erklärst du dir das?

Nach meiner subjektiven Erfahrung ist das so, weil man mit dem Tod vor Augen besser Prioritäten setzen kann. Erstaunlicherweise sind das meist Menschen, die wesentlich weniger Angst vor dem Tod haben. Die Ohnmacht geht und wird zur Chance. Es geht nur mehr ums Sein.

Das Leben setzt sich immer wieder durch

Was sollten wir uns immer wieder in unseren Alltag hereinholen, um unser ganz persönliches Leben positiv zu gestalten?

Da fällt mir das berühmte Bild vom guten und bösen Wolf in sich, den man ständig füttert, ein. Gerade in Zeiten der Digitalisierung und Überfütterung mit Informationen sollte jeder bewusst darauf achten, sich auch mit den Good News zu füttern. Bewusst Pausen einlegen und darauf achten, wie man sich auch geistig ernährt. Das Suchen nach dem Guten. Draufschauen auf die vielen kleinen guten Dinge – wie jedes Kinderlächeln, auch wenn das kitschig klingt. Sich freuen, wenn Babys geboren werden, wenn der Frühling kommt. Ich bin keine naive Schwärmerin, aber man muss das Schöne auch sehen, damit man weitermachen kann. Nicht nur daran denken, was alles nicht geht, sondern auch, was schon geschafft ist. Daran zu glauben, dass sich das Leben doch durchsetzt. Da fällt mir Erich Kästner ein, der sagt: „Wer wagt es, sich den donnernden

Zügen entgegenzustellen? Die kleinen Blumen zwischen den Eisenbahnschwellen." Ich finde es auch großartig, dass es viele Menschen gibt, die sich viel radikaler den Dingen verschrieben haben, als ich es tue. Von Mutter Teresa bis zum Arzt und Pädagogen Janusz Korczak, die bei viel, viel widrigeren Bedingungen ihr Leben bis ins Tiefste durchgezogen haben.

Hast du diesbezüglich ein schlechtes Gewissen?

Manchmal. Es gibt Tage, da denke ich mir, ich könnte viel mehr machen.

Das kenn ich gut.

Weißt du, man sollte auch – ob gläubig oder nicht – dankbar sein. Denn es ist nicht selbstverständlich, dass man in der Früh in einem warmen Bett aufwacht, die Glieder bewegen kann, gesund und ohne Schmerzen ist, zu essen und frisches, sauberes Wasser zu trinken hat. Natürlich hilft das nur mir und nicht einem Menschen, der in der Ukraine in einem U-Bahn-Schacht festsitzt. Aber ich glaube schon, dass die Bewusstmachung der eigenen Privilegien Resilienzen fördert, die Kräfte freisetzen, um wieder Gutes tun zu können.

Mira, wenn wir unsere Gespräche Revue passieren lassen, können wir sagen: „Die Hoffnung ist da, man muss nur auf uns und die Welt gut aufpassen."

Ja, die Hoffnung ist da. Wir haben uns über den Karfreitags-Podcast kennengelernt und Karfreitag ist ein dunkler Tag. Der Todestag. Er zeigt uns, dass die Welt schon immer ein schwieriges Konzept war, auch zu Jesus' Zeiten. Das macht es nicht automatisch besser, aber es gibt immer etwas, das zum Leben hinzieht. In Jesus Christus erleidet Gott selbst den tiefsten Schmerz über die Ungerechtigkeiten der Welt, in aller Konsequenz bis zum Tod.

In diesem göttlichen Mitleiden finde ich, dass die biblischen Texte die Realität dieser Welt nicht leugnen. Sie sagen ja nicht, alles ist gut, sondern es gibt auch das Schlimme, aber Gott ist auch hier mittendrinnen. Das mag nicht der finale Trost für alles sein. Ich für meinen Teil kann aber sagen, dass ich Gott in meinem Leid, in meinem Schmerz spüre.

Ein schönes Schlussstatement. Nicht für einen Ungläubigen wie mich, aber hoffentlich für die große Menge der anderen.

Ein Kreis schließt sich für mich auch mit dem Einstein-Zitat, das du in deinem Vorwort ausgewählt hast und das ich nur bejahen kann: „Es ist wie bei einem kleinen Kind, das in eine riesige Bibliothek eintritt. Es weiß, dass jemand die Bücher geschrieben hat. Es weiß aber nicht, wie das geschah. Es versteht die Sprache nicht, in der sie geschrieben wurden. Das Kind erahnt dunkel eine mysteriöse Ordnung in der Zusammenstellung der Bücher, weiß aber nicht, was es ist. Das ist meiner Meinung nach die Einstellung auch des intelligentesten Menschen gegenüber Gott."

Ich behaupte nicht, dass es Gott nicht gibt. Ich bin aber wahrscheinlich nicht zu überzeugen, dass es ihn gibt.

Dann lass uns doch gemeinsam mit einem anderen Einstein-Zitat unser Gespräch beenden: „Es gibt zwei Arten, sein Leben zu leben: entweder so, als wäre nichts ein Wunder, oder so, als wäre alles ein Wunder."